古文神展開

目錄

序：文學與文字背後的可能

本書改編自我在網路上的連載系列《超渡古文》，並做了相當程度的增刪，以因應紙本書的形式與多元讀者的需求。

本書主要內容是以哲學或政治學的方法解析高中國文的教育部十五篇推薦古文選文，但設定的目標受眾是從國高中生到一般社會人，因此就算早已從高中畢業，也沒有教學考試的需求，還是可以回頭瞭解一下讀過的古文是否有其他深意，以及新收錄的古文有何特出之處。

在結構上，本書依十五篇古文的成文時間先後依序論述，每章均由「原文與譯文」、「結構分析」、「價值評述」這三個部分組成。我也將視狀況在各章最末尾提供名為「延伸方向」的參考閱讀與行動建議，讓讀者能進一步掌握該章內容的重點。

本書也可作為高中師生教學上的輔助參考用。與其他賞析類輔助教材最大的差異，在於本書採用的方法論（切入點）是哲學與政治實務角度的。在哲學方法上，本書大量運用「知識論」的視角轉換方法，並引用「倫理學」的常見道德原則與概念。在政治實務方面，則依我的相關工作經驗，試著推敲文字之下的可能實際情境。

實際的閱讀總是勝過旁敲側擊的介紹，我就不再多談，讓文字自己大聲說話。

政治協商的玄奧：〈燭之武退秦師〉

原文：晉侯、秦伯圍鄭，以其無禮於晉，且貳於楚也。晉軍函陵，秦軍氾南。佚之狐言於鄭伯曰：「國危矣！若使燭之武見秦君，師必退。」公從之。辭曰：「臣之壯也，猶不如人。今老矣！無能為也已。」公曰：「吾不能早用子，今急而求子，是寡人之過也。然鄭亡，子亦有不利焉！」許之，夜縋而出。

神展開譯文：晉文公、秦穆公出兵包圍鄭國，因為鄭國曾經對晉文公無禮，且私下和楚國勾結。晉軍佔領了函陵，秦軍控制了氾南。鄭國大臣佚之狐告訴鄭文公說：「國家快滅亡了！如果派燭之武去見秦穆公，秦國必定退兵。」鄭文公於是照做。但燭之武推辭說：「我年輕時，能力都還比不上其他人；現在老了，更是無能為力啦。」鄭文公說：「我不能早點重用您，現在狀況危急才來拜託，這是我的錯。但是鄭國滅亡了，對你也是沒有好處吧。」燭之武因此答應，就在晚上用繩子垂降出圍城。

原文：見秦伯曰：「秦、晉圍鄭，鄭既知亡矣！若亡鄭而有益於君，敢以煩執事。越國以鄙遠，君知其難也。焉用亡鄭以陪鄰？鄰之厚，君之薄也。若舍鄭以為東道主，行李之往來，共其乏困，君亦無所害。且君嘗為晉君賜矣！許君焦、瑕，朝濟而夕設版焉！君之所知也。夫晉，何厭之有？既東封鄭，又欲肆其西封，若不闕秦，將焉取之？闕秦以利晉，惟君圖之！」秦伯說，與鄭人盟。使杞子、逢孫、楊孫戍之，乃還。

神展開譯文：燭之武對秦穆公說：「秦、晉的大軍包圍鄭國，鄭國知道自己要亡國了。不過，如果消滅鄭國對您來說有好處的話，那就麻煩您動手吧。但得到一個需要越過晉國才能抵達的飛地，您也知道管理上有多困難。那何必陪著晉國來消滅鄭國呢？晉國變強大，秦國就相對變弱了。如果放棄攻打鄭國，讓我們擔任秦國往東方通道的主人，提供貴國商旅物資與服務，這對您來說也沒有壞處。而且過去您也支持晉國，他們答應割讓焦、瑕兩個地方回報，但早上過河，晚上就築牆來阻擋您了，這也是您很清楚的事。今天如果晉往東滅了鄭國，又打算向西進軍時，若不傷害秦國，還能攻擊誰呢？傷害秦國而有利晉國的事，您還是多加考慮吧！」秦穆公聽了這說法非常認同，就和鄭國結盟，並派杞子、逢孫、揚孫協助防守鄭國，自己領大軍回秦國去了。

原文：子犯請擊之，公曰：「不可。微夫人之力不及此。因人之力而敝之，不仁。失其所與，不知。以亂易整，不武。吾其還也。」亦去之。

神展開譯文：晉將軍子犯請晉文公讓他出兵攻擊秦軍，晉文公說：「不能攻打他們。如果沒有秦穆公幫忙，我無法達到今天的地位。靠人家幫忙又反過來傷害他們，這是不仁。攻擊友軍，這是不智；以紛亂取代統合，這不是用兵之道。我要撤軍。」晉軍也因此離開了。

談和記事

〈燭之武退秦師〉在傳統解讀中，是個「有情有義」的故事，或許應該運用倫理學概念來進行探究，不過就我來看，這更像是個政治協商（談判）的記述，其情節和我本人平常的工作有點類似。依我的政治工作經驗，我認為這個故事沒有表面那麼簡單。過程看來緊張，主角隨時會把命丟了，但也很可能是政客們「高來高去」的一場大戲。然而要對政治圈外人解釋這一點，不是件容易的事。

〈燭之武退秦師〉的基本結構是這樣的：春秋時代的晉國拉秦國一起去扁鄭國（西元前六三〇年），鄭國覺得快亡國，於是找「燭之武」這人出來當說客。燭之武一開始不想去，但後來還是被拗去了。燭之武到了秦營對秦穆公說，打爆鄭國對秦沒啥好處，還會被晉國「收割」；而且晉國一直都沒信用，不如和鄭國結盟。秦穆公覺得這話「有中」，就答應了燭之武的要求，還派兵幫忙守城。晉國將領建請晉文公改去攻擊秦軍，但晉文公覺得自己欠秦國人情，所以就算了。

好，這就是篇古代戰爭的談和記錄，為什麼能成為選文呢？

我看了許多導讀與賞析，還是看不出這篇文字有啥重大的價值意義。但這篇被選入國文課本已經很久了，甚至從清朝就是「必選」的讀本；也可能是因為台灣小國寡民，經常被列強夾殺，所以要大家學習小國求存的智慧。

選錄此文的真正緣由，就交給國文領域的學界先進解答；跳出選文的考量，這篇古文雖然乍看沒什麼重要性，但細細品味，還是可以看出一些有趣的地方。我將透過以下的幾個問題來引導，試著讓這篇古文隱藏的訊息慢慢透出紙面。

這故事是眞的嗎？

我認為戰爭過程基本上是真的，而對話部分顯然是假的。這篇文章可粗分為三段，第一段是鄭國宮庭秘話，只有幾個當事人，頂多外加鄭國史官知道。第二段是在秦軍營發生的，一樣是幾個當事人，頂多外加秦國史官知道。第三段是在晉軍營發生的，還是只有當事幾個人（燭之武這次不在了），頂多外加晉國史官知道。

本文出自左丘明寫的《左傳》，請問左丘明（或左傳真實作者們）又是怎麼知道這些對話內容的？這三個國家的史官傳訊息給他喔？當事人受訪？

應該是看到資料、聽到傳聞「腦補」出來的。左丘明活躍在事件發生的一百年後，左傳實際成書應該是在兩百多年後，這段時間內「看戰爭說故事」的人鐵定是很多的，東補西補，就是一篇了。因此本文所有的對話內容應該都不會是真實狀況，而是腦補出來的。我現在找助理把我的網路直播轉成逐字稿，都會有一堆錯誤了，更別說是無法倒帶、重看影片的春秋時代。

如果對話不是真的，那這篇裡面的對話內容還有意義嗎？

我認為還是有意義。對話部分就算是創作，也多半是後人對那場戰爭所做出的「詮釋」，也就是史官或文人依循可靠客觀史實來推想的戰爭脈絡、因果關係。如果這些史官並未刻意扭曲（美化或醜化某些人），說不定也能和真相非常貼近。就像今日我們轉述政治人物的未公開談話時，雖然可能有創作或修改的部分，但還是會盡量保持其原本的價值意念。

唯一可能的問題，就是創作者帶有主觀意圖，想要幫某些人說話，或醜化某些人，就會把一些根本不在故事脈絡中的話硬塞進他嘴裡。要找出這種刻意操作的部分沒那麼容易，只能透過比對客觀事實才有機會抓出來。但討論到這，對於那些對話內容，你應該已經有了一點警覺性，不會照單全收。我們就帶著這警覺性往下走。

晉國為何要拉秦國去打鄭國？

整場戰爭的發展過程算是客觀史實，沒什麼爭議，那我們就從這點著手還原真相。就國際恩怨來看，晉鄭之間的確有一些過節，主要是晉文公未即位之前，「跑路」到鄭國時（西元前六三七年），受到一些羞辱。

就國家實力來看，〈燭之武退秦師〉事件發生之時，晉國剛稱霸，崛起中的秦國也不弱，而鄭國已衰退到只能力守都城。聯盟關係上，晉秦兩國關係不錯，秦穆公曾經罩過跑路時期的晉文公，後來還把女兒嫁給他（一樣是西元前六三七年）。但晉國在城濮之戰（西元前六三二年）打敗楚國後，整體實力與地位已爬到秦的上面。

依整體國勢，晉不找秦幫忙，也能滅了鄭，但晉還是找了秦，最可能的理由，就是晉擔心在攻打鄭時，被秦從後面「背刺」，因為鄭在晉的東南，秦在晉的西南。因此晉國為了保險，就是要找秦穆公「一起玩」，這樣秦國遠征主力被拉出來，晉軍可以近距離看著，就算秦國陣前倒戈，也比較好反應。

妙的是，秦國最後還真的倒戈了，但雙方就是你看我、我看你，各自帶回；造成的結果，是秦國反「欠」晉國一次人情。因此戰爭結果雖不理想（未滅鄭），對於晉卻是相對有利的。為什麼呢？

晉國在前一年會盟稱霸諸侯當時，就已經想拗各國一起去打鄭國，但最後只有秦國來（或比較重要的參加者只有秦），因此理論上就算還沒開打，晉國也欠秦國一個很大的人情，不過〈燭之武退秦師〉事件後，秦國（因陣前倒戈）反過來欠晉國，因此對於晉來講，也並非全是做白工。

有些賞析認為，晉文公在最後選擇退兵，是展現了某種道德正面價值，我認為這就有點太美化了。就現實面來說，他也不得不退，因為依照軍事運作的現實，秦鄭結盟後，如果晉國還是硬要打，損失一定很大，而且可能腹背受敵，兩面開戰（要注意秦國主力已經先回西邊去了）。美名部分呢，那就完全是後來撿到的，在戰爭當下，對晉國來說，只要有教訓到鄭國，又讓秦國欠自己一次，也沒損失什麼兵力，就算是不錯的收穫了。

燭之武是什麼咖？

燭之武的工作就是現代的政治公關，負責「喬」的。鄭國之前未重用他，應該是因為燭之武只能當政治公關，功能性較弱。像我也是政治公關，要我去執政，我就不會了，但要我去嘴砲，那我就滿會的。

掌握他的功能性之後，故事的脈絡就會亮了起來。從鄭國的角度來看，整個故事會變成：晉國拉秦國一起去扁鄭國，鄭國覺得快亡國，有腦的大臣想到還有個嘴砲叫燭之武呀！他很老，要犧牲就犧牲他吧！鄭文公於是火速找燭之武代表鄭國去「喬」，但燭之武大概是怕死，所以東推西推不想去。反正他本來就是嘴砲，推事情是專長。

但鄭文公說，你去會死，不去也會死，看要不要死得漂亮一點？燭之武只好去了。因為被大軍包圍，連城門都不敢開，還是玩垂降下去的。那到了秦營之後，燭之武真用智慧說服了秦穆公嗎？

錯。會這樣想，就是政治公關的外行了。身為同業，我可以告訴你，如果要說服政客，我們不會講什麼大戰略、小戰術之類的「隆中對」（那是人家已經確定付錢買單才會講的），而是講「對方的心裡話」。就是順著對方的毛，把他摸得爽爽的。燭之武是老牌政治公關，一定知道這個道理。

就我來看，整個背景局勢是「秦國本來就不想玩」了，並不是燭之武講一講，秦穆公才突然驚醒不玩的。因為燭之武講的內容（別忘了我們前面說過這對話可能是假的），任何有腦的人站在秦國的賽局立場，都可以推得出來。

晉國出兵的「表面理由」是鄭國和楚國交好，不和「我們」玩，但真正的出兵理由有一部分是私人恩怨，這就有點正當性不足。而促使秦國出兵直接的政治推力，是晉國剛稱霸會盟，秦不得不配合出兵，但「實質交易的品項」，依故事原文，大概就是事成之後，把鄭的部分或全部城池讓給秦。

也就是秦國忙這一趟，成果最多就是獲得一些「飛地」（和原有領土完全分離的新領土），而且中間隔的正是最強大的晉國（還有周天子啦。不過他不重要），很容易被幹走。因此這場戰爭，就是名義上冠冕堂皇，但註定會虧本的生意，能跑就該跑，但要怎麼跑得漂亮呢？

秦國就是要有個退兵的理由，燭之武的出現就是個「梗」，不但讓秦國可以「裝」成是被說服而退兵，還可以多拿些鄭國送的伴手禮，何樂不為？而且這伴手禮還真不錯：鄭國要讓秦國駐軍，等同是變成附庸國了。

依我的經驗，燭之武和秦穆公的對話（分析局勢這一段）是假的，他真正去談的，就是讓秦國駐軍在鄭國，由鄭國去養（之後發生的事件證明這點）秦國的駐軍，這樣秦國兵不血刃就吃下鄭，又在晉的後方放了大軍，隨時可以反過來背刺晉國。

所以燭之武並沒有那麼大的影響力，他就算真講了那些對話內容，也不是「兄弟個人獨獲之創見」，單純就是秦穆公的心裡話；而談判結果嘛，也沒多好，國都旁邊被人「插了三座箭塔」，駐了一堆軍，哪裡好？

也正是如此，原文記載是「秦伯悅」嘛！秦穆公不是「懂」，不是「悟」，是「爽」，還爽得很咧。

沒被串起來的一串事

這篇就算不是左丘明寫的，也是某人或某些人寫的，那他或他們到底想表達什麼？後人認為《左傳》帶有某種保守派道德評價的意涵，有時一個用字用詞就藏了很多心機。我們「俗稱」的晉文公和秦穆公，在文中是叫晉侯和秦伯，這就是有意的貶抑、壓制。除此之外，這故事中還有什麼心機？我認為如果把多篇文章串起來看，就能看出政治操作的脈絡。

故事的最起頭，是晉文公還叫重耳的時候，他跑路到一半，在鄭國被羞辱。後來他到了秦國，秦穆公好好招待他，還把女兒嫁給他，更護送他回晉國奪權。

晉文公即（篡）位之後，實力大增，結合秦、齊，在城濮打爆了意圖北進的楚軍。他隨即會盟稱霸，次年就是這個燭之武退秦師。那之後呢？

秦國駐紮在鄭國的軍隊，就真的一直在那裡沒移開。又過了兩年，晉文公死了，但秦穆公還沒死，秦國駐鄭的軍隊認為這時晉國不會來干擾，可以裡應（駐軍）外合（派出遠征軍）把鄭國幹掉。

有沒有！那個燭之武談的秦鄭之約，根本是屁！晉文公一死，賽局中各方力量變化，均衡馬上就垮了，有效期限兩年而已。

秦穆公決定出兵，然後在半路碰到鄭國的「愛國商人弦高」，弦高花了大錢犒賞秦軍，讓秦國遠征軍誤認鄭國已知大軍將至，而決定調頭回師，秦國放在鄭國的駐軍也決定逃回去。鄭國最後得保平安，而調頭回家的秦國遠征軍反而在路上被晉軍滅了。

我記得小學時就讀過愛國商人弦高的故事，但高中上國文課時，卻沒有和〈燭之武退秦師〉串起來。當然，愛國商人弦高的故事是可以獨立來看的，就講愛國嘛！只不過我相信一些小朋友們應該曾經疑惑，為什麼A國商人突然帶很多東西去送給敵人B國的軍隊，雙方還會嘻嘻哈哈、其樂融融呀？不是要打戰了嗎？B國的軍隊怎麼會收？

這是因為當時A國（鄭）仍和B國（秦）是同盟國呀！A國的城門還是B國的駐軍在守咧！只是事發之後落跑而已。

單選此文的問題

我認為有了上述脈絡，〈燭之武退秦師〉要表達的意思就比較明確了，這故事本身沒啥了不起，但放在大脈絡中，就是一個充滿愛恨情仇，最後因貪婪而死一堆人的故事，告訴我們歹路不可行。如果把脈絡切開來，只看單篇，那每個故事就都「怪怪的」。愛國商人弦高是如此，燭之武退秦師也是如此。

所以我認為選這篇文章沒啥問題，最大的問題或許是「單選此文」，沒頭沒尾，看不出這文章在歷史上的位置。但普通的高中教師，依其相對有限的學時數（上課時數），實在很難完整講解秦、晉、鄭的恩怨。我上面簡單講講，你大概也看得很辛苦，何況是以為自己是在上國文，卻聽到一堆歷史的高中生呢？

依我個人的政治經驗，若只讀〈燭之武退秦師〉，所能得到的策略知識和道德價值，會比愛國商人弦高更弱。弦高至少有展現機智和謀略，燭之武嘛……單純就是執行一般的政治公關業務，沒什麼深意。作者難道是想強調政治公關行業的重要性嗎？那我還滿肯定這種態度的，但我想國文學界選文時應該不是持這種立場。

整體來講，〈燭之武退秦師〉一文能告訴我們的，就是看到「一句話」，要查看前後文；看到「一篇文章」，也最好要查看前後事。這當然很辛苦，但不這麼辛苦，你讀了一堆書，還是可能等於什麼都沒有讀。

延伸方向：多參考其他相關資料

讀《左傳》時，如果不順帶瞭解春秋時代的政治與戰爭史，大概看兩篇就會無聊到看不下去了。對於普通讀者來說，白話文的春秋史是不錯的參考資料，但如果更懶惰，那由維基百科的相關條目切入也是個不錯的解決方案。不過維基百科因為是開放編寫，相關記述可能會有錯漏，因此也該和其他資料多方比對。

此外，我認為掌握真實地理位置，對於瞭解事件因果關係會很有幫助，甚至可以讓你發現一些只看文字時所沒想到的問題（像是爬山或渡河）。因此在閱讀時同步確認古今地名，並搭配紙本或網路地圖，也是必備的基本功。你或許會覺得這很煩，但這就像是準備出國自助旅行那樣，你資料沒準備周全，就可能會困在意想不到的小岔路上。

搞同人二創的儒生們：
〈大同與小康〉

原文：昔者，仲尼與於蜡賓，事畢，出遊於觀之上，喟然而歎。仲尼之歎，蓋歎魯也。言偃在側，曰：「君子何歎？」

神展開譯文：孔子當年終祭祀的助祭，典禮結束後到亭子看風景，嘆了口氣。孔子是在感嘆魯國啊！子游在一旁隨侍，於是問：「君子是為何嘆息呢？」

原文：孔子曰：「大道之行也，與三代之英，丘未之逮也，而有志焉。大道之行也，天下為公。選賢與能，講信修睦，故人不獨親其親，不獨子其子；使老有所終，壯有所用，幼有所長，矜、寡、孤、獨、廢、疾者皆有所養。男有分，女有歸。貨惡其棄於地也，不必藏於己；力惡其不出於身也，不必為己。是故謀閉而不興，盜竊亂賊而不作，故外戶而不閉，是謂『大同』。」

神展開譯文：孔子說：「過去大道能實行的時候，是上古三代賢君之時，我生不逢時，但心有所嚮往。在大道能實行的時候，是以天下視為眾人的，選用那些賢明與有能力的人，講求信用，促進和睦，所以百姓不只愛自己親人，不只照顧自家子女；能使長者善終，壯者能發揮其專長，幼少者能平安成長，鰥夫、寡婦、孤兒、獨居者、身心障礙者和病人們都能獲得幫助，男人有工作，女人有歸宿。財貨不一定佔為己有，而是更討厭被棄置浪費，能力不只用於己身，更怕不能幫助他人。因此沒有陰謀，也看不見盜賊，家戶也不用關大門了，這就是『大同』啊！」

原文：「今大道既隱，天下為家，各親其親，各子其子。貨力為己，大人世及以為禮。城郭溝池以為固，禮義以為紀。以正君臣，以篤父子，以睦兄弟，以和夫婦，以設制度，以立田里，以賢勇知，以功為己。故謀用是作，而兵由此起。禹、湯、文、武、成王、周公，由此其選也。此六君子者，未有不謹於禮者也。以著其義，以考其信，著有過，刑仁講讓，示民有常。如有不由此者，在埶者去，眾以為殃，是謂『小康』。」

神展開譯文：「現在大道已經隱沒，天下成為私人的產物，人們只親近自己的親人，只照顧自己的子女。財貨與能力都只為了謀求己力，君主之位以父死子繼為禮儀規定。蓋了一堆城牆護城河，就認為這是堅固，講講禮義，就以為是國之綱紀，是用禮來端正君臣關係、用禮來強化父子連結，用禮來和睦兄弟，用禮來維持婚姻，用禮來設計制度，用禮來安排鄉里，用禮來稱許勇者和智者，用禮來為自己謀求好處。謀略因此而生，戰亂也因此而起。禹、湯、文、武、成王、周公，算是這一時期的佼佼者了。這六位君子，都是很守禮的。他們依禮來稱許正義之事，以禮判斷有信用之人，舉發罪過，標明仁愛並講求謙讓，經常告誡百姓。如果不依禮行事，在位者會被拉下台，大家都覺得他是個災難。這個時期，就算是『小康』。」

被砍掉的篇章

「大道之行也，天下為公」這話就出自〈大同與小康〉。這篇古文表面上就是孔門一貫的「古代好棒棒，現代……啊不就好棒棒」的貴古賤今基調，但我認為這種保守派意見並沒有表面上這麼簡單。

專業研究者會去追問儒家為什麼需要一個「架空」的美好上古中國？他們為什麼要幻想「堯舜禹湯」，還寫了一堆「同人」「二創」「輕小說」呢？這些中國歷史上第一批同人創作阿宅群體，又如何從戰亂的現實中，走往超現實的創作路線？

我們還是將焦點先集中在〈大同與小康〉上。這篇古文是節選自《禮記．禮運》篇的頭幾段。後面的部分不選，我想主要原因是「太長了」，年輕學子可能要讀上一個月。後面被砍掉的部分，談的是「禮」這概念的發展脈絡。儒家認為「禮」源自於古人日常的食衣住行、生老病死等各方面的基本需求，進一步制度化為行為規範（「禮」）後，能有效穩定社會結構。他們是把自然現象串接到人文社會，因此你要說儒家是「文組」，我倒覺得他們比較像是那個時代的「理組」。但因為這部分被砍掉了，我就不予深論。

〈大同與小康〉算是《禮記．禮運》這一大篇的導言或序，是孔子丟一段話出來，讓弟子反問的。孔子很喜愛問題導向式教學，但和現在的問題導向式教學有點不太一樣：他總是先講點很玄的東西，學生們當然都不懂，就會追問，然後孔子就可以扯出他已經準備好的一大篇。當然，有時這教學法也會出包，像碰到曾子這種蠢人，他就會「對對對對」然後問不出個屁問題，讓孔子很難堪，只能自己閃人。（子曰：「參乎！吾道一以貫之。」曾子曰：「唯。」子出。）

不過，砍掉了後面的「弟子反問」與「孔子補充說明」的部分，那〈大同與小康〉，還能帶給我們什麼樣的反思呢？

好棒棒與沒那麼棒

〈大同與小康〉原文可粗分三段。第一段是孔子參加完年尾的大拜拜，出來就嘆氣。很會寫文章的子游問君子為何嘆氣，孔子爽快承認自己就是嘆氣的君子，講了後兩段。

第二段是說，夏朝以前的賢王依大道施政，所以人人都是互惠利他主義者，而當時的社會，就可以稱之為大同了。

第三段是說，夏商周以後的人都只重視自己親族，單純依禮義來治國。禹湯文武成王周公是其中做得最好的，不過也就只能說是「小康」了。

好，看完之後，你有什麼感想？你知道天下為公，但應該是因為「孫文寫過」。那「大道之行也，天下為公」又到底是什麼意思？

你可能會回頭去看我前面附上的白話譯文，又或再多看原文幾眼，確認是不是那個意思。然後你會發現，並不是整個周公之前的古代都「好棒棒」，只有一段時期是好棒棒，另外一段時期看起來沒有那麼棒。因此若認真讀這篇文章，我相信多數人會發現這和你「印象中」的儒家不太一樣。多數人以為的儒家，就是很看重禮義，覺得堯舜禹湯文武周公好棒棒，然後就沒有了。

但〈大同與小康〉的孔子有不同的想法。他認為這些古王朝可以區分為兩時段，世襲之前是大同世界，世襲之後最多只算是小康。「禹湯文武成周」沒那麼棒了，而「禮」似乎變成了一種低標，是無可奈何的解決方案。

小康時代的根本問題，在於人的私心成為行動的主要推力，社會成員不再以整體為目標，只想到他自己，「禮」只能算是一種「拘束器」。看到這裡，不免讓人警覺，講這話的人，真的是孔子嗎？

哪邊是多出來的？

〈大同與小康〉出自《禮記．禮運》，而高中課本選文應是《小戴禮》中的版本。小戴是戴聖，大約是西元前一世紀的人物。他參考的版本是大戴（戴德）的版本，戴德又是參考劉向的，但他們也都是西元前一世紀的人物。

孔子講這話時，是西元前六世紀末或前五世紀初，因此大概會有四百年左右的時間差。記下這段對話的人，很可能就是當事人子游，因為他本來就很會寫，也很愛寫。不過問題也就在於他很會寫：他是文學科的第一名，因此他在將孔子的口語表述轉變為文字記錄之時，很可能已經把孔子的談話內容做了一些調整。

子游之後的四百年，〈大同與小康〉在傳抄過程中可能持續編修，一直到戴聖的手中才出現穩定版本。所以呢？這代表孔子本人意見佔幾趴？

正巧孔子在《禮記．禮運》的後半部也提到文本內容流變的問題。他說自己想瞭解夏和商的禮，於是去參訪兩朝後裔的封國，卻看不太出個道理，只得到一些文字殘篇，於是勉勉強強將就一下。

我認為《禮記．禮運》應該沒那麼慘。雖然文字部分經過相當的潤飾（孔子如果一出口就是那麼完整的結構，那也太可怕了。能當場記下來的人也很可怕），但孔子在這篇裡提到的概念，基本上都可以和《論語》的內容接得起來，像是「禮」來自於自然環境與人的生理特質，以及相對肯定堯舜。

不過在《論語》中，孔子並沒有直接言明「大道」這個概念，也沒有明確區分「禪讓諸王」與「家天下諸王」間的價值落差。更重要的是，《論語》裡面沒有「大同」與「小康」的概念。

子貢說過「天道」（「大道」是直到孟子才提出），意味孔子可能曾講過這個概念，但孔子本人談「道」這個字的時候，較接近一般人類的行為道德規範，並沒有類似「大道」的宇宙秩序意涵。子貢也說孔子的天道概念是書中讀不到的，而其他弟子談到類似的概念時，也通常是在孔子身故之後。

如果將《論語》當成最接近孔子本人意見的文本，那麼孔子本人可能沒釐清過他的「大道」（如果他曾講過「大道」）。這個概念應該是透過弟子的討論，而慢慢發展健全的。像大同與小康，也可能是之後發展出來的，因為《論語》講到「同」的時候，並不是大同那樣的意思，《論語》也並未提到帶有價值標準意味的「康」。那《禮記‧禮運》的想法，會不會和孔子沒啥直接關係，而是在孔子之後的四百年間發展出來的？

實際狀況可能也不會這麼極端。《論語》沒有相關概念，不代表孔子一定沒有相關概念，而《論語》和《禮記・禮運》之間也看不出有什麼本質的矛盾，就是後者比前者多了一些東西，這些東西當然有可能是孔子講的，也可能是弟子加的，但並不是亂加，仍可視為是「正常長大的痕跡」。

「他們」（這些《禮記・禮運》的歷代編修者）應該多少塞了一些東西到孔子的嘴裡，但並非完全跳 tone，還是在孔子的大方向中，或說是在他的價值理論可以容受的範圍內。孔子的理論當然可能往許多方向發展，而這票後學就是把他的理論導引至「這個」〈大同與小康〉的方向。

許多當代批評者認為孔子對上古時代過度美化，把自己的政治理論體系架構在不切實際甚至不可能為真的原始部落「烏托邦」；但我們一路討論下來，若把這些「幻覺」全賴在孔子頭上也不盡合理。若這「三皇五帝堯舜禹湯」是儒家的成人童話（或同人小說），那也不會是孔子一個人寫的，而是一票相同理念的阿宅，經過長時間的二、三、四、五、六創所創造出來的架空世界。

這些阿宅可能寫到最後，或許有些人相信這些上古故事為真，但也可能認為這都是神話，就如道家的後學不太可能盡信莊子寓言，卻仍清楚其寓意何在。

最早的「倫理學」嘗試

那這些「同人小說」的重點在哪呢？

我認為這裡面放了一些最早的「倫理學」嘗試。西方哲學研究者常批評中國沒有真正的哲學，因為中國並沒有西式的哲學方法，因此當然也就不會有（西方所認定的）「哲學」，頂多就是一些「思想」。但這些批評者往往也沒多認真讀過中國哲學（或「思想」）的相關文本。我認為許多文獻都可以找到各朝代思想家（歷代編修註釋者）對古典文本所進行的哲學努力，他們沒有西方哲學的概念，但做的事卻有點類似。

孔子本人的理論的確沒有（那種西方哲學的）系統，他以「仁」貫穿所有德行主張，但這一切是怎麼組織起來的，他講得不太清楚。孟子可說是最早將孔子理論系統化的人，但他系統化後的東西，有一種「孟味」，有些人喜歡，有些人不喜歡。荀子就不太喜歡，他自建了另一套系統。

不只這兩位在試圖建立系統，許多同時代的儒家也在寫自己的「作業系統」，他們不是像 iOS 和安卓那樣涇渭分明、分頭演化，可能也是參考來參考去。《禮記．禮運》大概就是子游這一系演化下來的，但其成果也不專屬一系，最後成為某種主流共識。

於此切去談一下孟子。孟子提到堯舜的次數比孔子多，他口中堯舜的「性能」也比《論語》的堯舜要好上許多，不只具備德行，腦子也清楚，知道怎麼找人、用人，福國利民。但《禮記・禮運》中的堯舜時代，突然等級上升成所有社群成員都受到領袖的感召，接近社群主義式的「公民」，能跳出家庭血緣進行廣泛社會分工與互惠合作，甚至出現社會福利與社會救助。

如果說孔子是推崇上古君主的德行與德政，孟子則開始在故事中放入一些社會結構或制度的理念，之後的儒者則把這個故事發展到脫離現實。表面上是歷史（證據），實際上是未來（目標）。

我認為這些比孔子多出來的部分是種「終極關懷」，他們清楚這很難在現實社會有說服力，所以透過孔子的口說出來，賦予這目標某種宗教式的天啟效力或神性。到了這種程度，儒家已發展出崇拜上古先王的神學，成為一種宗教。

離開這種超越、終極的目標，他們的現實目標是在自私自利的世界中尋找安身立命之處，用的工具是孔子所依靠的「禮」。禮在此時只剩下節制社會成員、維持社會運作的功能，除此之外，不敢多想。

有終極目標（大同），有考量到現實情境（小康），這已是粗具結構的政治倫理學系統。依近代倫理學標準來看，這套系統當然有問題（下面會討論），不過如果你考慮到秦漢的社會情境與同時代的思想水準，這樣的互惠利他系統已算是不錯了。

許多人沒注意到的，在中華帝國各朝代中，中央的「法」系統一直難以有效運作，這和帝國科層體制資源不足有關。但「禮」卻一直存在於以血源為核心的宗族體系中，維持了社會的基本運作。

經過千百年的演變，「禮」在實務上出現嚴重的劣化，而在啟蒙運動進入華人社會後快速崩解；但《禮記・禮運》作者們設想的那個次佳解決方案（用以對抗利己主義的方案），的確是有「用」，也用了很長的一段時間。

那最佳解決方案呢？人不獨親其親，不獨子其子的天下為公呢？這個體系的致命之處，在於需要領導者的智慧與德行。這是種類似於柏拉圖的「哲王」體系，本身就存在難解的邏輯問題。

像是誰來挑選哲學家之王？最有智慧和德行的人？那誰才最有智慧和德行？為什麼現任的君王願意讓位給他？那就請人把王子教育成有智慧和德行的哲學家？那誰來教？請最有智慧和德行的人來教？剛剛不就在問那是誰啦？剛好就是你？（孔孟再世？）憑什麼確定你的那套智慧與德行，真的就是最佳的智慧與德行？你曾實務驗證過嗎？三皇五帝又曾驗證過嗎？你怎知道三皇五帝的那套，就是你的這套？我認識的三皇五帝好像和你認識的不一樣哦？

秦漢阿宅的影響力

所以，這體系是靠信仰的，不是靠推論和證明，也就是種宗教，因此這個體系也就有「外推」的問題。就算真找到一個美麗、智慧、德行兼具的君王，這人真能「造成」風行草偃的德行推廣效果嗎？他就算用了很多美麗、智慧、德行兼具的人才，其最佳結果可能也只是「高施政滿意度」，無法讓所有國民都變成一樣美麗、智慧、德行兼具的好人，也就無法真正建構互惠利他的大同理想國。天下為公，可不是只有領導者在為公，而是天下所有人都為公。

這是個早期的倫理學嘗試，也比孔子的原始版本前進了許多步，但離成功還遠得很。不過，如果你對〈大同與小康〉的批評，只是停留在儒家對遠古世界的幻想與「禮教吃人」的後來發展，那你就小看了這批秦漢阿宅的影響力。他們最後成功讓現實的君王依照他們的「輕小說」來操作國家。因此就算是阿宅，他們也是阿宅之中的霸主。

所以這篇應不應該讀呢？我認為高中生的確可以讀，不過必須先知道幾件事：作者講的歷史是假的，其解決方案今日也派也不上用場；但這些阿宅並沒有惡意，他們真心喜歡自己的作品，並且努力推銷。這種熱血，的確值得（被老人天天否定而自信心不足的）年輕朋友們好好學習。

延伸方向：從《論語》開始找出「真實」

要掌握儒家的想法，最好不要只接觸傳統《中華文化基本教材》提及的那些選文，而是以更開放的態度來接觸《四書》。你若親自看過「真實的原文」，就不難發現許多介紹或註釋可能帶有扭曲；就算不是惡意，也是往奇怪的方向來引導後人的想法。

我個人認為《論語》是不錯的起點，你就照順序一篇篇讀，或一天看一篇，就會發現孔子並非「你以為的那樣」。他總有一些言行和你原本設想的不太一樣，可能會比你想得好一點，或是展現出失意阿伯的脆弱。他會更像是個人，而不是神。

還有請記得，如果連《論語》都沒辦法好好讀完一次，那就少批評儒家。就算儒家有自己的一套幻覺，你罵的儒家，也可能是自己的幻覺。就小心求證，確定人家說的真是那個意思吧。

外籍移工的逆襲：〈諫逐客書〉

原文：臣聞吏議逐客，竊以為過矣。昔繆公求士，西取由余於戎，東得百里奚於宛，迎蹇叔於宋，來丕豹、公孫支於晉。此五子者，不產於秦，而繆公用之，并國二十，遂霸西戎。孝公用商鞅之法，移風易俗，民以殷盛，國以富彊，百姓樂用，諸侯親服，獲楚、魏之師，舉地千里，至今治彊。惠王用張儀之計，拔三川之地，西并巴、蜀，北收上郡，南取漢中，包九夷，制鄢、郢，東據成皋之險，割膏腴之壤，遂散六國之從，使之西面事秦，功施到今。昭王得范睢，廢穰侯，逐華陽，彊公室，杜私門，蠶食諸侯，使秦成帝業。此四君者，皆以客之功。由此觀之，客何負於秦哉！向使四君卻客而不內，疏士而不用，是使國無富利之實，而秦無彊大之名也。

神展開譯文：我聽聞大臣們正商議驅逐客卿，我個人認為這太超過了。往年穆公尋求人才，從西方的戎國找來了由余，從東方的宛國得到百里奚，從宋國請來蹇叔，從晉國招攬了丕豹、公孫支。這五個人都不是秦國出身的，可是穆公用他們，於是吞併二十國，稱霸西戎地區。孝公用商鞅設計的法律來轉移風氣，改變習俗，使人民富足，國家殷實強盛，老百姓樂於為孝公所用，諸侯們親近順從，先後擄獲楚、魏軍隊，佔領千里土地，到現在都還安定強盛。惠王用張儀的計策，拿下三川，向西邊併吞巴蜀，北邊收服了上郡，往南奪取漢中，領土包納九夷，更控制鄢郢等楚地，東邊佔據成皐等天險，獲得肥沃的土地，打破六國的合縱，使他們都向西事奉秦國，這功業仍持續到今日。昭王得到范睢，於是罷免穰侯，驅逐華陽君，強化了王室權威，杜絕私人謀利，進一步蠶食諸侯，使秦國能完成稱帝的偉業。這四位君主都曾依靠客卿的力量，由此看來，客卿又有何虧欠於秦的地方呢？如果這四位君主驅趕客卿而不包容，疏遠能人而不任用，那國家就不能富足，秦國也無法得到強大的美名了。

原文：今陛下致昆山之玉，有隨、和之寶，垂明月之珠，服太阿之劍，乘纖離之馬，建翠鳳之旗，樹靈鼉之鼓。此數寶者，秦不生一焉，而陛下說之，何也？必秦國之所生然後可，則是夜光之璧不飾朝廷，犀象之器不為玩好，鄭、衛之女不充後宮，而駿良駃騠不實外廄，江南金錫不為用，西蜀丹青不為采。所以飾後宮、充下陳、娛心意、說耳目者，必出於秦然後可，則是宛珠之簪，傅璣之珥，阿縞之衣，錦繡之飾不進於前，而隨俗雅化，佳冶窈窕，趙女不立於側也。夫擊甕叩缶，彈箏搏髀，而歌呼嗚嗚快耳者，真秦之聲也；鄭、衛、桑閒、昭虞、武象者，異國之樂也。今棄擊甕叩缶而就鄭衛，退彈箏而取昭虞，若是者何也？快意當前，適觀而已矣。今取人則不然，不問可否，不論曲直，非秦者去，為客者逐。

然則是所重者在乎色樂珠玉，而所輕者在乎人民也；此非所以跨海內，制諸侯之術也。

神展開譯文：現在大王得到昆山的玉、隋侯珠、和氏璧，掛著夜明珠，佩戴太阿劍，騎纖離馬，掛著翠鳳旗，立著靈鼉鼓。這些寶物，秦國原本都沒有，然而陛下卻喜歡它們，為什麼呢？若必須是秦國產的才可以擁有，朝廷中就不該裝飾著夜光之玉，也不該賞玩犀角、象牙製成的器皿，後宮不該納入鄭衛美女，外馬廄也不該養駃騠等駿馬，更不能用江南產的金錫製品，亦不該拿西蜀產的丹青來作為顏料。所以如果裝飾後宮的東西、做妻妾的美女、讓人開心的玩意、取悅耳目的事物都一定要秦國生產才能接受，那麼有宛珠的髮簪，有傅璣的耳環，東阿白絹製成的衣服，織錦刺繡的裝飾就都無法進獻到君王的面前，而那些流行風雅、美豔窈窕的趙國美女，也無法在大王身邊了。而那些敲擊陶甕瓦盆、彈箏打拍子，嗚嗚歌唱來滿足人的，才是秦國真正的樂曲；鄭、衛、桑間，韶虞、武象，是異國的音樂。今天不聽敲擊陶甕瓦盆，而聽鄭衛的歌曲，不再彈箏，而是聽韶虞，這又是為什麼呢？因為覺得好聽，適合觀賞而已。但今天用人卻不是這樣，不論是非對錯，只要不是秦人就趕走，是客卿的就驅逐。這反而代表大王看重的是美色、音樂、珠寶、玉石，卻看輕人民了。這並不是能掌握天下，控制諸侯的方法。

原文：臣聞地廣者粟多，國大者人眾，兵彊則士勇。是以太山不讓土壤，故能成其大；河海不擇細流，故能就其深；王者不卻眾庶，故能明其德。是以地無四方，民無異國，四時充美，鬼神降福，此五帝、三王之所以無敵也。今乃棄黔首以資敵國，卻賓客以業諸侯，使天下之士退而不敢西向，裹足不入秦，此所謂「藉寇兵而齎盜糧」者也。夫物不產於秦，可寶者多；士不產於秦，而願忠者眾。今逐客以資敵國，損民以益讎，內自虛而外樹怨於諸侯，求國無危，不可得也。

神展開譯文：微臣聽說土地廣大者，糧食越多，國家越大，人口越多，軍容整盛，則士兵勇敢。所以泰山不會捨讓任何土壤，因而如此高大，河海不挑選匯入的細流，而有如此深度，君王不會拒絕投奔的庶民，因此能顯明其德行。因此地無分東西南北，民眾也不論是哪一國的，才能四時都豐足，鬼神都降福，這是三皇五帝之所以無敵的原因。今天放棄百姓來資助敵國，趕走客卿來成就其他諸侯，使天下的名士都不敢往西邊來，不想進入秦國，這正是所謂的送兵器、糧食給盜匪啊！秦國不產的東西，有許多是寶物，名士雖然非生在秦國，但願意效忠的很多。今天驅逐客卿來資助敵國，損害民眾以增益仇人，對內自我虛耗，對外和諸侯為敵，還想追求國家平安，實在是不可能啊！

給老闆的信

〈諫逐客書〉發生在西元前二三七年，是古代的外籍移工快被趕走，所以緊急寫給老闆的信。也許一開始是私信，但因為寫得太好，後來被公開了。政治鬥爭常是你死我活，而這〈諫逐客書〉，看來是外籍「政治」移工在極度劣勢之下的逆轉一擊，最後也成功保住飯碗。但真的只靠這一封信，就改變了大王的想法嗎？

只怕事情沒有笨人想得那麼簡單。

本書第一章討論〈燭之武退秦師〉，故事裡頭有秦國，但那是春秋五霸的秦穆公（西元前六三〇年），又經過了快四百年，到了戰國的末期，這就是〈諫逐客書〉發生的時空了。

四百年可以改變很多事，而〈諫逐客書〉的作者楚國人李斯，正是從這個時間的跨度出發，來推展他的政治論述。告別老師荀子時，他強調天下大勢已倒向秦，所以他要押寶秦國；到了秦國之後呢，他又再次向秦王政（秦始皇）說明當前態勢已和秦穆公時期不同，要有吞食天地的打算。秦王政也相信李斯的說法，於是著手進行相關計劃。

李斯在秦國爽了十年後，終於碰到了逐客事件的麻煩。逐客事件的遠因是「鄭國事件」

（西元前二四三年）。「鄭國」是人名，他也不是鄭國人，是韓國人。韓國派他去騙秦國開鑿一條很大的水圳，表面上是增加秦的可耕地，實際上是消耗秦的人力、物力，以免秦立刻發動東征。這是意圖幫韓國爭取喘息的時間。這個間諜計劃在工程進行到一半時被發現了。不過後來秦王認為圳溝已經挖一半，頭洗了一半，這時放棄損失更大，還是只能咬著牙把工程做到完。

到了西元前二三七年，又發生呂不韋事件（就嫪毐捅出來的包，這很多連續劇有演），秦國的本土派大臣於是主張要所有外籍政治移工都滾蛋，秦王政也聽從此議，要李斯打包回國。所以〈諫逐客書〉就誕生了。

就結構來看，在第一大段中，李斯指出四位大展宏圖的秦王都是藉客卿之力才能有所成就；第二大段則指出秦王身邊現有的財貨聲色享受，也多半是來自於外邦。接著李斯轉個方向指出，如果秦王只顧自己爽，把人才往外推，就等於是資敵，爽的是外國君王，也不把自己百姓的福利當一回事看。所以秦王不只愛用外國貨，也應該愛用天下人，才能一統江山喔！

就事後發展來看，秦王聽進去了，把外國客卿找回來。「鄭國渠」這條水圳確實提升了產能，而這些客卿更幫助秦王完成統一霸業，真的就是好棒棒。

「所以這篇文章很重要，當然應該選入！」是這樣嗎？那為什麼這篇文章選了這麼久，歷史上的中國，以至於現代的台灣，對於外籍人才還是非常排斥呢？因為教育失敗嗎？

教了沒用是一回事，但這篇文章還可以看出更多有意思的東西，這或許比要不要接受外籍白領更為重要。就從秦始皇談起吧！

容易動搖的秦王

你當然知道秦始皇，因為他很重要。就課本等史書所傳達的形象，可以看出他是個很霸氣的人，愛硬搞大條的事。像建立帝國之後的一連串大規模改革與建設，不少在成本效益計算上有問題，也導致秦帝國的快速瓦解。

不過，從一些小故事也可以發現秦始皇，或至少在他還叫「秦王政」的時代，的確是「滿好虎爛」的一個人。他的臣下總能輕易騙過他，又或是講一講就讓他轉變心意。光是在〈諫逐客書〉的相關事件中，我們就可以看到數起類似的狀況：

1 被李斯說服而展開滅六國的戰略規劃（真正全面開打是〈諫逐客書〉的後一年）。

2被鄭國說服調動大批人馬去挖鄭國渠。

3就算鄭國被抓到是間諜，還是被說服改繼續支持鄭國渠興建。

4被呂不韋和自己媽媽趙姬虎爛，讓嫪毐能和趙姬躲起來爽。

5被本土士族說服逐客。

6被李斯說服改成不逐客。

在〈諫逐客書〉故事之外，還有一段相關歷史可為佐證。大約在〈諫逐客書〉的三、四年後，秦王政因為李斯的進言，而決定關押同出於荀子門下的韓非，但之後又改變心意要放他出來，不過韓非這時已經先被李斯幹掉了。李斯大概就是知道秦王變來變去，才會這麼急著出手。

秦王就是沒什麼主見，總是旁人講講，就「ㄟ！對喔！」隨即出手。面對一個這麼愛改來改去的老闆，身為近臣，你應該怎麼做？我想多數讀這文章的人都沒有真正「伴君」過，不知這種「如伴虎」的狀況應該如何處理。有些人連續劇看多了，可能會想出這樣的解決方案：一天到晚貼著他，盯著他，以免他被人拐走！像太監或弄臣那樣就對了。

但這做不到啊！老闆睡覺時你就跟不到，你又不可能真閹掉去當太監；而且你貼太緊，老闆會覺得煩，甚至討厭你，那其他派系就有機會見縫插針了。就算你時時盯著他，若你那邊的人（像李斯的小老闆呂不韋）或同屬性的人（像本故事中的客卿鄭國）出包，你也會一起爆炸。那該怎麼辦？保持距離以策安全？那這樣老闆就聽不到你的話（讒言）啦！你也不會有影響力。

所以「正確的做法」，就是「製造既成事實」。

這種操作手法，是當老闆被你煽動，被你「勸敗」的時候，你一拿到資源和權力，就立刻大搞。搞到全變成「沉沒成本」也沒關係，就是創造一個「不得不繼續玩下去」，無法收手的格局。這樣就算老闆被別人說動而改變想法，後繼者也會發現整體態勢已無法逆轉。

馬英九上台之後，不也抱怨阿扁的八年遺毒清不完嗎？小英上台，也說 ECFA 只能概括承受。講好聽是施政都有延續性，講難聽，「我」就是要讓「你」不延續下去，就會有更高的成本。

所以，政治就是要製造既成事實，要讓對手想改也改不了太多，只能照我規劃的大方向走，這樣就算我失勢了，結果也是我想要的，甚至你還不得不找我回來維持這個勢。台灣軍方保守派系也依此理一直把持大權，所以就算換黨執政，國防部長還是得用軍人轉任，沒辦法用文官來取代。

這道理戰國末期的各路政客也很清楚。因為秦王變來變去，要保住自己的權勢，就不是要講道理，因為你講歪理，秦王搞不好也當真；重點是一拿到授權後，立刻「擴大市佔率」，把權力基礎轉變成為實質進行中的事項，讓大家都覺得，「樓仔厝起一半，師傅毋湯換！」

毋湯哦！

看看鄭國渠。你就算抓到他是間諜，那又怎樣？還是要蓋完呀！不然先前投下去的就全賠了。蓋完，至少可以拿一點東西回來，甚至修修改改，還可以發揮正面效益。鄭國渠最後的確創造了收益，讓秦王開戰時有充足的銀彈。

鄭國本人或許也正是考量到這點，所以他不怕。反正韓國派他是要拖住秦國幾年，他也真拖了幾年，可說是不辱使命。但他把這條圳溝好好蓋的事實，也成為他的保命符，因此就算被抓到是間諜，秦王也只能靠他蓋完。蓋完之後如果確實有效益，更讓他能在秦國一直混下去。

這才是政客應有的手法。

隱藏的爆點

那李斯呢？我認為他的想法比表面上深沉許多，這可由兩個隱藏角度來評價。

第一，是從〈諫逐客書〉的內容來觀察。這次上書是講道理，從人才貢獻的歷史一路講到秦王日常的聲色享受，推理上雖然有點小小的邏輯謬誤，但古代人嘛，要求不能太高。

但冷靜來看，這上書也是種實力展示。當時的秦國政治已不能只靠宗室和本土人才，其國政體系已不是一個小諸侯國、只有幾個城的格局，而是擁有數日、甚至一個月都無法抵達（像是蜀地）的巨大疆域，其國政體系必然非常複雜，一少了長期服務的外籍白領，連維持日常運作都可能有困難，別說是進一步成為「戰爭機器」。

而且少了投靠秦國的外國人，你要怎麼去打那些「外國」？你以為古代有 google map 街景，可以讓你在咸陽就先規劃好行車路線嗎？

此外，〈諫逐客書〉中所指出的秦宮室財貨，也突顯當時頻繁的國際貿易已讓整個華夏文化區成為一個經濟共同體，這種物資的交流，當然是建立在人的交流之上；斬斷人的鏈結，也很可能等於是斬斷這種經貿往來。因此除了前面的人力展示之外，這些描述也是種經貿實力的展示。

所以，秦王政，能不買單嗎？

如果他看得到這上書，就會有買單的壓力。但他可能看不到這篇上書，因為這種上書很容易被身邊的人攔截掉，特別是在老闆身邊只剩本土派（秦人）的時候。所以老練一點的政客，絕對會留一手，或是預先埋下爆點。

這就是我要談的第二點，在〈諫逐客書〉之外的部分。大家可以去翻查相關的文獻資料，你會發現各方記載都少了一個很重要的環節，就是發動「政變」的秦國本土派政客（應該是秦士族）到底是誰。

這好像是場沒有主謀的政變，對李斯來講，也就是和看不見的敵人在戰鬥，但實情不可能是這樣。能發動全面的逐客，顯然是有相當多本土實力派投入，才能形成全面清除外人的聲勢。

我認為這次事件是秦士族與本土派軍人試圖重掌政權的最後嘗試，他們打算利用鄭國與呂不韋的梗來小題大做，一次奪權，所以我稱之為「政變」。但政變之後呢？幾近空白、船過水無痕的記載，很可能只代表一件事，就是這些人「撐不起來」。

當呂不韋垮台，為了清除他的勢力，一口氣就從行政體系移走許多人，相信已經讓秦國很難運作，如果要更大規模逐客，秦王只會更加難混。因此逐客令出不久，甚至只要一兩天，秦王應該就已經察覺不對勁。

〈諫逐客書〉剛好就成為冠冕堂皇的下台階，讓大家都有臉面可以收場。不只秦王有面子，客卿有面子，連搞砸、接不起來的秦士族也有面子，或許這也是〈諫逐客書〉可以一路遞進去給秦王的重要原因。送信的，說不定就是秦士族。

上述這些，當然是基於資料空白所做的推論（有些人可能會主張當時秦朝廷還有華陽夫人的楚系統外戚，但因為他們也屬客卿，先不論），但從一些側面證據，可以發現秦的人力問題確實有點嚴重。像嫪毐叛亂，秦王卻只是遷走他的門客到蜀地，並沒全殺掉，大概也是考量這些人能用；而自家王族的成蟜叛亂，卻是殺得乾乾淨淨，沒有殘念，這大概是因為自己人不能用。

大膽一點來推論，如果沒有〈諫逐客書〉，秦王還是可能會因為時勢所逼，而找客卿和李斯回來，但有〈諫逐客書〉，整個事件看來會更為「圓融」。因此〈諫逐客書〉也有可能不是事件轉折的「原因」，而是個「結果」。一切成熟了，就出來惹。

新思維的誕生

跳出這些政治實務面的討論，〈諫逐客書〉最大價值或許是文學風格；不少學界大德認為這文章和之後的賦與駢文有關。我個人是認為，這種東西南北、一二三四的條列式風格，的確也傳達出一種系統論事的架構：不只是文學結構，而是種思維的結構。

這是世界觀的轉變。當執政的官員可以看到時間與空間的交錯，並把各種資訊放進一套龐大的概念系統，這代表他們抱持的知識論已進入了新的層次。管理帝國所需要的理性思維，總是走在帝國形成之前的，而〈諫逐客書〉或許可當成是這種新思維的一個「露頭」。

因此我認為這篇文章確實有點意思，值得好好品味。你或許會懷疑高中生是否真能讀懂中年男子的深沉，但事情都是要經過時間的反覆翻攪，才會慢慢傳出味道。這不能急。

延伸方向：練習自己製作簡報

「說帖」是現在仍存在的一種政治文書形式，不過是以「計劃書」「白皮書」之被的標題形式存在，讓你沒意識到這些就是說帖。

這類文件並不難取得，但多數都是抄來抄去，大同小異，趕時間交報告時是可以充數，但會限縮你對其形式可能性的想法。因此除非是一些知名案件的說帖，我並不建議普通人涉獵這方面的資訊，因為那可能會誤導你的認知。像申請大學入學的備審資料，很多人就是從網路找個最多人用的格式，傻傻照抄、照用，還以為備審資料一定只能長這樣。

對現代人真正有意義的，可能是簡報製作之類的教學資訊，也因為載體便利且普遍，我們比古人更習慣接受影像傳播，但「接受」無法讓你成長，你不如多試著「生產」「製作」，自己憑空做看看，就算在過程中沒學到什麼新的技法，也能讓你學到不少傳播、行銷的基本知識。學過這些之後，再看說帖式古文，你可能會發現這些基本原則在漫長的歷史中，似乎一直都沒啥改變。

英雄的浪漫與瀟灑：〈鴻門宴〉

原文：楚軍夜擊，坑秦卒二十餘萬人新安城南。行略定秦地；至函谷關，有兵守關，不得入。又聞沛公已破咸陽，項羽大怒，使當陽君等擊關。項羽遂入，至於戲西。沛公軍霸上，未得與項羽相見。沛公左司馬曹無傷使人言於項羽曰：「沛公欲王關中，使子嬰為相，珍寶盡有之。」項羽大怒，曰：「旦日饗士卒，為擊破沛公軍！」當是時，項羽兵四十萬，在新豐鴻門，沛公兵十萬，在霸上。范增說項羽曰：「沛公居山東時，貪於財貨，好美姬。今入關，財物無所取，婦女無所幸，此其志不在小。吾令人望其氣，皆為龍虎，成五采，此天子氣也，急擊勿失。」

神展開譯文：楚軍在夜間進擊，在新安城南坑殺了二十餘萬秦軍，之後打算繼續進攻關中；推進到函谷關時，發現有軍隊守住關口，無法進入。又聽說劉邦已攻入咸陽，項羽因此大怒，派英布等人攻下函谷關。項羽於是進入關中，大軍抵達戲水西邊。沛公轉移兵力到霸上，不和項羽見面。劉邦的左司馬曹無傷派人對項羽說：「劉邦想在關中稱王，並任用秦王子嬰為丞相，佔據所有的珍寶。」項羽非常生氣，說：「明早犒賞士兵，一舉擊敗劉邦的軍隊！」這時項羽有四十萬大軍在新豐的鴻門，劉邦有十萬兵馬在霸上。范增勸項羽說：「劉邦在山東地區時，貪取財物，又喜好美女。但進入關中以後，沒有搶取財物，也沒有收羅婦女，這代表他有遠大的志向。我派術士觀察他那邊的雲氣，都是龍虎的形狀，還顯現出五彩，這是天子的氣勢啊！要立刻攻打他，千萬別失去時機！」

原文：楚左尹項伯者，項羽季父也，素善留侯張良。張良是時從沛公，項伯乃夜馳之沛公軍，私見張良，具告以事，欲呼張良與俱去，曰：「毋從俱死也。」張良曰：「臣為韓王送沛公，沛公今事有急，亡去不義，不可不語。」良乃入，具告沛公。沛公大驚，曰：「為之奈何？」張良曰：「誰為大王為此計者？」曰：「鯫生說我曰：『距關，毋內諸侯，秦地可盡王也。』故聽之。」良曰：「料大王士卒足以當項王乎？」沛公默然，曰：「固不如也。且為之奈何？」張良曰：「請往謂項伯，言沛公不敢背項王也。」沛公曰：「君安與項伯有故？」張良曰：「秦時與臣游，項伯殺人，臣活之；今事有急，故幸來告良。」沛公曰：「孰與君少長？」良曰：「長於臣。」沛公曰：「君為我呼入，吾得兄事之。」張良出，要項伯。項伯即入見沛公。沛公奉卮酒為壽，約為婚姻，曰：「吾入關，秋毫不敢有所近，籍吏民，封府庫，而待將軍。所以遣將守關者，備他盜之出入與非常也。日夜望將軍至，豈敢反乎？願伯具言臣之不敢倍德也。」項伯許諾，謂沛公曰：「旦日不可不蚤自來謝項王。」沛公曰：「諾。」於是項伯復夜去，至軍中，具以沛公言報項王，因言曰：「沛公不先破關中，公豈敢入乎？今人有大功而擊之，不義也。不如因善遇之。」項王許諾。

神展開譯文：楚國的左尹項伯，是項羽的叔父，是留侯張良的好朋友。張良這時追隨劉邦，項伯當晚就快馬趕到劉邦的大營，私下找到張良，把事情全告訴他，想帶張良一同逃走。項伯說：「你不該和劉邦一起送死！」張良說：「我是為韓王護送劉邦入關。劉邦現在事態緊急，落跑的話太不合道義，我必須告知他。」張良於是進入大帳，把狀況都告訴劉邦。劉邦很驚訝，說：「該怎麼辦？」張良說：「現在你的計謀是誰主導的？」沛公說：「是一個小雜魚勸我說：『卡住函谷關，不讓諸侯進來，就可以在秦國土地稱王。』所以聽話照做了。」張良說：「那算起來，你的兵力足以和項王一戰嗎？」劉邦沉默了好一會，說：「一直都比不上他，現在要怎麼辦？」張良說：「請派我去見項伯，告訴他，您不敢背叛項王。」劉邦說：「你怎麼會認識項伯？」張良說：「在秦朝時我們一起四處遊玩，後來項伯殺了人，是我救他一命。現在狀況緊急，也幸虧他來告訴我。」劉邦說：「你們誰年紀大？」張良說：「他比我老。」劉邦說：「幫我把他請進來，我以兄長之禮接待他。」張良出來邀請項伯，項伯立即進來見劉邦，劉邦敬酒祝福項伯，約定做親家，並說：「我進入關中以後，不動秦皇室的財富，清查官員與百姓，封存了府庫，就是為了等待項羽將軍的到來。之所以派人守函谷關，也是為防備盜賊入侵和意外啊！我日夜等待項羽將軍到來，哪敢反叛他呢？希望您能對項羽將軍說明，我是絕對不敢背叛的。」項伯答應了，說：「明天一定要早點親自來對項羽謝罪。」劉邦說：「是！」於是項伯又連夜回到楚軍中，把劉邦所說的話告知項羽，並說：「劉邦不先攻破關中，您敢進入嗎？如今他有大功，卻要攻擊他，這是不義的事，不如善待他。」項羽答應了。

原文：沛公旦日從百餘騎來見項王，至鴻門，謝曰：「臣與將軍戮力而攻秦，將軍戰河北，臣戰河南，然不自意能先入關破秦，得復見將軍於此。今者有小人之言，令將軍與臣有郤。」項王曰：「此沛公左司馬曹無傷言之。不然，籍何以至此？」項王即日因留沛公與飲。項王、項伯東嚮坐；亞父南嚮坐。亞父者，范增也。沛公北嚮坐；張良西嚮侍。范增數目項王，舉所佩玉玦以示之者三，項王默然不應。范增起，出，召項莊，謂曰：「君王為人不忍，若入前為壽；壽畢，請以劍舞，因擊沛公於坐，殺之。不者，若屬皆且為所虜！」莊則入為壽。壽畢，曰：「君王與沛公飲，軍中無以為樂，請以劍舞。」項王曰：「諾。」項莊拔劍起舞。項伯亦拔劍起舞，常以身翼蔽沛公，莊不得擊。

神展開譯文：劉邦一早就帶著百餘位騎兵來見項羽，到了鴻門，對項羽道歉說：「微臣和將軍努力攻打秦軍，將軍在黃河以北奮戰，我在黃河以南討伐，然而我也沒料到會先入關中攻破秦軍，才會在這裡和將軍相面。現在有小人進讒言，讓將軍和我之間有了嫌隙。」項羽說：「這是你的左司馬曹無傷說的；不然我怎會以重兵壓陣？」項羽當下就留劉邦一同飲酒。項王、項伯面向東而坐；亞父面向南而坐。亞父，就是范增。劉邦面向北而坐；張良面向西來招待眾人。范增數次對項羽使眼色，又三次舉起佩帶的玉玦來示意，但項羽都默然不應。范增起身出大帳來召喚項莊，說：「主公不忍心下手殺人，你就上前祝壽，祝壽完畢，請求表演劍舞助興，然後攻擊坐著的劉邦，殺死他。否則將來都會被他所俘虜！」項莊進入祝壽，祝壽完畢後說：「主公與劉邦飲酒，軍中沒有什麼可以助興的，請讓我以劍舞助興。」項羽說：「好！」項莊拔劍開始跳舞，項伯也拔劍起舞，不斷以身體保護劉邦，項莊因此無法成功得手。

原文：於是張良至軍門見樊噲。樊噲曰：「今日之事何如？」良曰：「甚急！今者項莊拔劍舞，其意常在沛公也。」噲曰：「此迫矣！臣請入，與之同命。」噲即帶劍擁盾入軍門。交戟之衛士欲止不內。樊噲側其盾以撞，衛士仆地。噲遂入，披帷西嚮立，瞋目視項王，頭髮上指，目眥盡裂。項王按劍而跽曰：「客何為者！」張良曰：「沛公之參乘樊噲者也。」項王曰：「壯士！賜之卮酒！」則與斗卮酒。噲拜謝，起，立而飲之。項王曰：「賜之彘肩！」則與一生彘肩。樊噲覆其盾於地，加彘肩上，拔劍切而啗之。項王曰：「壯士！能復飲乎？」樊噲曰：「臣死且不避，卮酒安足辭！夫秦王有虎狼之心，殺人如不能舉，刑人如恐不勝，天下皆叛之。懷王與諸將約曰：『先破秦入咸陽者王之。』今沛公先破秦入咸陽，毫毛不敢有所近，封閉宮室，還軍霸上，以待大王來。故遣將守關者，備他盜出入與非常也。勞苦而功高如此，未有封侯之賞，而聽細說，欲誅有功之人，此亡秦之續耳。竊為大王不取也！」項王未有以應，曰：「坐。」樊噲從良坐。

神展開譯文：這時張良來到軍營門口找樊噲。樊噲說：「現在狀況如何？」張良說：「非常緊急！現在項莊拔劍跳舞，他是想要殺劉邦啊！」樊噲說：「這糟糕了啊！請讓我進入，與劉邦同生共死！」樊噲隨即取劍拿盾進入營門，守門的持戟衛士不讓他進去，樊噲把盾牌橫過來用力一撞，衛士都摔倒在地上。樊噲於是走進來，揭開帳幕，面向西站著，生氣的瞪著項羽，頭髮直立，瞪視到眼角裂開。項羽按著劍挺身，問：「來客是何人？」張良說：「這是劉邦的駕駛，樊噲。」項王說：「好一位壯士！賜給他一杯酒。」旁人就給樊噲一斗酒。樊噲拜謝後起身，站著喝這杯酒。項羽說：「賜給他豬肩。」旁人給了樊噲一條生的豬肩，樊噲將盾牌蓋在地上，把豬肩放在盾上，拔劍切開吃了。項羽說：「壯士！還能再喝嗎？」樊噲說：「我連死都不怕，一杯酒算什麼？秦王的心如虎狼，殺人如麻，處罰人時用盡酷刑，天下都背叛他。楚懷王和諸將約定說：『先攻破秦軍，進入咸陽的人可以稱王。』現在劉邦先攻破秦軍，進入咸陽，完全沒動秦的財富，還封閉宮室，把軍隊退還到霸上，等待大王抵達。之所以派遣兵守函谷關，是為了防備盜賊和意外。如此的勞苦功高，卻沒有封侯的獎賞，反而是聽讒言要殺有功的人，這不就是繼續已亡國的秦的錯路嗎？我個人認為大王不該如此。」項羽沒多說什麼，只說：「請坐！」樊噲就在張良身旁坐下。

原文：坐須臾，沛公起如廁，因招樊噲出。沛公已出，項王使都尉陳平召沛公。沛公曰：「今者出，未辭也，為之奈何？」樊噲曰：「大行不顧細謹，大禮不辭小讓。如今人方為刀俎，我為魚肉，何辭為？」於是遂去。乃令張良留謝。良問曰：「大王來何操？」曰：「我持白璧一雙，欲獻項王；玉斗一雙，欲與亞父。會其怒，不敢獻。公為我獻之。」張良曰：「謹諾。」當是時，項王軍在鴻門下，沛公軍在霸上，相去四十里。沛公則置車騎，脫身獨騎，與樊噲、夏侯嬰、靳彊、紀信等四人持劍盾步走，從酈山下，道芷陽閒行。沛公謂張良曰：「從此道至吾軍，不過二十里耳。度我至軍中，公乃入。」

神展開譯文：又坐了一下，劉邦起身去廁所，也把樊噲帶出來。劉邦出來後，項羽又叫都尉陳平去叫劉邦快點回來。劉邦說：「現在我沒有告別就跑出來，之後該怎麼辦？」樊噲曰：「做大事不用在意小禮節，行大禮不須講究細節的謙讓。現在別人是菜刀和砧板，我們是魚和肉，還告辭啊？」於是劉邦打算直接離去，並命令張良留下來賠罪。張良問：「大王帶了什麼禮物來？」劉邦說：「我帶了一雙白璧是要獻給項羽的；一雙玉斗是送給亞父。不過一來就碰到他們生氣，不敢送上，你替我送給他們吧。」張良說：「我會好好處理！」在時，項羽的大營在鴻門下，而劉邦的駐軍在霸上，相距四十里。劉邦拋棄帶來的車馬，就一人騎馬脫逃，而樊噲、夏侯嬰、靳彊、紀信等四人則是手持劍盾跟著跑，經過酈山下，走芷陽的小路。劉邦離去時對張良說：「從這條路回軍營，大概二十里；你推算我已經回到營地後，再進去見項羽。」

原文：沛公已去，間至軍中，張良入謝，曰：「沛公不勝桮杓，不能辭。謹使臣良奉白一雙，再拜獻大王足下；玉斗一雙，再拜奉大將軍足下。」項王曰：「沛公安在？」良曰：「聞大王有意督過之，脫身獨去，已至軍矣。」項王則受璧，置之坐上。亞父受玉斗，置之地，拔劍撞而破之，曰：「唉！豎子不足與謀！奪項王天下者，必沛公也。吾屬今為之虜矣！」沛公至軍，立誅殺曹無傷。

神展開譯文：劉邦離去，經由小路回到軍營後，張良才入大帳謝罪，說：「劉邦不勝酒力，無法親自告辭，所以派微臣送上一雙白璧給大王，還有一雙玉斗給大將軍。」項羽說：「劉邦現在在什麼地方？」張良說：「聽到大王有意責罰他，他已經獨自離開，現在已回到軍營了。」項羽聽後就接受了白璧，放在座位上。亞父則是接過玉斗放在地上，然後拔劍擊碎它，說：「唉！這些年輕人，無法和他們共商大事啊！奪取項羽天下的人，一定是劉邦啊，我們馬上就會被他俘虜了！」劉邦回到軍中，立刻殺了曹無傷。

被加料的鴻門宴

〈諫逐客書〉才聊到秦帝國興起，秦帝國就滅掉啦！《史記》中的〈鴻門宴〉就這樣躍上了歷史的舞台。相對於其他歷史事件，司馬遷給了鴻門宴（時間上前後只有一天，前後脈絡頂多一個月。西元前二六〇年十二月）相當長的篇幅。為什麼他要花這麼多字來談這場晚宴呢？

多數史學家、國學家認為，這是因為司馬遷判斷鴻門宴是扭轉歷史的關鍵點，從此楚衰漢興，因此下了「重料」來強調此事。但我把這段文字看了好幾遍，又依出處〈項羽本紀〉的上下文脈絡，比較了司馬遷論事的「濃淡」之後，我認為呢，司馬遷之所以強調這一段內容，很可能只是因為「他喜歡這段」。

他就是很喜歡這故事的節奏感，所以特別強化這個橋段。歷史意義？他真的在乎嗎？那為什麼說他喜歡這段呢？因為我發現他有「加料」，而且加得很細心。雖然這做法會讓故事偏離史實，但司馬遷能在真實事件中創造出他喜愛的超級英雄，那也是種功力。我們就來看看小遷遷宇宙裡，那些早已蓋棺論定的英雄們，是如何蹦出新滋味。

恩怨的因果

現在的〈鴻門宴〉選文有兩個版本，截取起點不一樣，一個比較主流的版本是從「楚軍夜擊坑秦卒二十餘萬人新安城南。」開始的，另一個版本則是從幾十字之後的「沛公軍霸上未得與項羽相見。」開始。

差在哪？

差很大。比較通行的選文版本，一開篇就是項羽的大屠殺，而且看起來是沒有原因的大屠殺，這會讓項羽整個黑掉。但司馬遷比較喜歡或肯定項羽的（所以給他傳記的題名是「本紀」），怎麼會用這種方式捅項羽呢？

你若去找〈項羽本紀〉的前文來看，就會知道那是因為秦降卒人太多（約佔項羽兵馬三分之一），而且軍心不穩，項羽要入關中，怕帶著這些人會出事，所以直接坑掉。這仍算是殘忍，但也是當時常見的戰爭手段（別忘了秦軍也常坑人）。

即便沒有惡意，「楚軍夜擊，坑秦卒二十餘萬人新安城南。」這一句也算是多出來的，因為和後來的事件關係不大，改從下一句的「行略定秦地，至函谷關，有兵守關，不得入。」開始選文會更順，頂多就是被嫌說少了個「楚軍」開頭，高中生會看不懂。

那從「沛公軍霸上，未得與項羽相見。」開始選呢？又會少掉項羽被堵在函谷關而火大的事，一樣有不足之處，因為這是他和劉邦反目的起點。

不過怎麼截並非本文重點，因為那是當代人搞出來的事，我們還是專注在這經典大戲的發展過程吧！對於這個遷遷宇宙中的鴻門宴，我個人的摘要是這樣的：

項羽結束和章邯的混戰後，打爆函谷關的劉邦守軍而進入關中，劉邦連忙退出咸陽，轉進霸上。劉邦家臣曹無傷派人密報項羽，說劉邦有意以關中稱王，項羽大怒，而謀臣范增這時補刀說劉邦平常很貪，入關中卻秋毫無犯，顯然要幹大事，有天子氣。

楚軍項伯得知項羽將開戰，於是去劉營找舊識張良，要張良快落跑。張良又跑去見劉邦，說你稱王的打算被得知了。劉邦轉頭要張良去拗項伯當中間人，說自己是幫項羽整理關中再交給他，不是要稱王。

項伯真的回去拗項羽，項羽願和談，於是劉邦帶百餘人去楚軍駐地鴻門請罪，說自己並無二心。但項羽說，這是你家的曹無傷密報的呀！於是兩人晚上就開喝了。范增三次要項羽出手幹掉劉邦，項羽都不理，范增於是找項莊跳劍舞，趁機去捅劉邦，但都被項伯出手擋了。

張良跑出去找樊噲，樊噲爆衝進大帳來保護劉邦，靠喝酒吃肉的霸氣壓住了項羽。之後劉邦找到機會尿遁，留張良送禮道歉。因為人已經跑了，項羽也不得不接受事實。劉邦回營之後，就剁了曹無傷。

我的摘要集中在「動力因」部分，也就是事件因果關係。這脈絡是司馬遷為了突顯晚宴互動過程所設定的背景條件，除了讓對話過程看來合理之外，更能突顯其中的愛恨情仇。不過，這背景設定，夠真實嗎？

讓與不讓的關鍵

真實歷史發展過程大概是不可考了，不過我認為還是可以從現有的史料片段，去推敲這段文字「之外」最可能的發展過程。因為篇幅考量，就跳掉我的推理過程，直接說結論吧！我認為在鴻門宴之前發生的狀況，大致如下所述：

諸侯聯軍的主力項羽，和章邯在黃河以北大戰，來來回回打了很久，這讓劉邦有機會搶先一步從黃河以南打進關中。進關中之後，他聽了說客的建議（當時這種無名說客很多，大概是戰國遺風），打算以富饒的關中為根據地稱王，因此派人去守函谷關。

但劉邦兵力只有十萬人，這兵力要守關中非常吃力。像是函谷關這麼好守的地型（據說主要道路只有一台車的輪軸那麼寬），項羽到了之後，馬上就派英布捅穿了，代表劉邦的人不夠，也不能打。

劉邦得知項羽入關後，立刻從咸陽改去駐紮霸上。霸上是在今天西安的東南方高地，的確是附近最好防守的地形。妙的是，項羽選的駐地是鴻門，這就在秦始皇陵的前面。這並不是很好防守的地帶，是河階地型最高的平原段，但足以讓項羽的四十萬大軍展開紮營。這或許也代表項羽信心十足，不怕劉邦的突襲，還打算堵住劉軍往東落跑的去路。

這樣劉邦就不得不出來談了。他當然可以據守霸上，或是繞一圈跑走，不過談一談，還是有希望的，因為他雖然只有項羽四分之一的實力，但他的殘部要作亂，項羽也會不好受。

因此，雖然劉邦打算稱王，意圖也被曝光了，但畢竟還沒有真正稱王，大家（劉和項）都還是楚懷王旗下的「打工仔」（大臣），有坐下來談一談的基礎。瞭解這個背景之後，就可以再回頭看看《史記》版本的鴻門宴。

在司馬遷的描述中，劉邦對於項羽要打他的事，好像全無概念與準備，是項伯去找張良，劉邦才得知項羽的開戰意圖。於是劉邦像個做壞事被發現的小屁孩，連忙請項伯去說情。

但這描述明顯不合前述的「狀況」。函谷關的守軍是劉邦放的，不論這關是否被突破，他應該都知道項羽大軍撞上這防線時，一定會很不爽。如果不是有意開戰，你守函谷關擋「自家人」幹嘛？

因此先有敵意的明顯是劉邦，而他會被項羽攻打一事，也是意料之中。唯一意外的，可能是函谷關被突破得太快，劉邦沒辦法完成預定的戰爭準備，只能先轉進霸上來防守，然後爭取和談機會。

所以項伯只怕不是去勸張良跑路的，而是來串和談的中間人。也許是項羽派的，也許是自發的，但這中間人，顯然私底下是很貼向劉軍這邊的。依他在晚宴中的表現，如果只是和張良有關係，那就沒必要用自己的命來幫劉邦擋劍，因為張良嚴格算來是「韓國」的人馬（戰國時代的韓士族），不是劉邦的嫡系。

那鴻門宴呢？這一場飯，吃的主題也不是「項羽不殺劉」，而是「劉邦讓關中」。所以劉邦真正的禮物不是故事中的那些玉，而是「和平開城」。如果劉邦要讓這麼大的地，項羽當然沒必要殺他，若殺他，只怕項羽就算進咸陽，劉邦霸上的殘部也會讓他芒刺在背，無法心安。劉邦之前就是把部隊「卡」在霸上，而逼降秦子嬰的。如果吃飯的前提是和平禮讓關中，那項羽本人就會是最大獲利者，「殺劉邦」就不會是選項，因為這會讓已經「極大化」的獲利開始下修。

當然，范增等「主戰派」可能真有打算要在晚宴上殺劉，但這幾乎不可能是項羽本人在宴會前的決定。因為如果他要殺，帳內外都是帶甲兵士，劉邦只有百來人，多數又都在帳外，怎麼可能會殺不掉呢？若范增真三次暗示出手，也是他和項羽的私下約定，之後的漢朝人又要如何得知？只怕這也是加料的劇情部分。

即便這席間真有「項莊舞劍」的衝突，看來也是范增等主戰派的自發行動，而項羽本人是持反對立場的。否則項伯也拔劍起舞，幫忙劉邦擋刀的時候，項羽為什麼不制止？為什麼劉邦出去「一尿」如此之久，項羽請陳平去叫之後，就不繼續追問？或者陳平其實是幫項羽傳話，要劉邦快跑？

而劉邦等人快騎落跑的時候，從項軍本陣大營旁脫出，一路揚長而去，為何不會被留停盤查？這一路出去，每個出入口都會有（如今日之）「安全士官」或「哨長」吧！

這些「狀況」都證明項羽無心殺劉，而是坐看范增等人鬧事，想說如果他們殺成了，那責任就由他們去扛。如果殺失敗了，項羽也是有個得饒人處且饒人的美名。

項羽對殺人一事通常是很明快的。別忘了，就在這故事之前，項羽就殺了章邯的二十萬人，之後要離開咸陽時，被說是「沐猴而冠」，也把笑他的說客給煮了。他會殺他認為應該殺的，而非瘋狂濫殺；就算屠咸陽，也有弱化關中的目的性。項羽或許沒有大家想像得那麼蠢，范增可能也沒傳說中那麼睿智。

歷史發展的動力

反正，項羽就是沒殺劉邦，而劉邦也逃出來了，這當然就會有營造傳說的空間，像是張良與樊噲就被高度美化成為英雄人物。

再次提醒各位，在「楚漢」真正開打之前，他們就算「卡來卡去」，也還是同一個「楚懷王」品牌的，因此劉、項底下的人並不是專屬特定門派，常跳來跳去。別的不說，曹無傷起兵後一直跟著劉邦，為什麼會和項羽那邊有關係？項伯能和張良牽上線，張良也能在項羽面前講幾句話，甚至擔當斷後重責，還能無事回營，這都代表他們主從之間的關係並不是「單線經營」的。

真實的張良或許沒有《史記》中那麼機智和勇敢，樊噲看來是很勇，但也頂多是保鑣的程度，劇情中出現的精采對話，恐怕都是後人追加的，因為就算沒有那些對話，雙方老大還是會完成交接關中的任務。

這些人之所以會被英雄化或傳奇化，或許代表後人受到「結果論」的影響太深。在那時那刻的劉項兩人，並不知道他們之後會有生死拚搏。就算之前有「先入關者王」的約定，或是類似的想法，但那也只是「王」，是割據一地的小土霸，不是要滅了所有人，一統天下的那種「稱帝」。秦帝國才剛滅亡，帝國這想法應該沒有那麼潮了。

所以他們並不是要一拚生死的大敵，而是看母公司擴張到一定程度，快要拆分了，因此打算爭取新分公司的執行長位子。都是老同事嘛！何必殺來殺去呢？之後是分是合，還不知道呢！你看張良對劉邦很忠誠吧？滅秦之後的大分封，分封出一個新的韓王，張良就離開劉邦去輔佐韓王了。

後來的歷史也證明，舉著楚懷王同盟軍大旗的諸侯，正是因為分封出問題而自相殘殺。被戰亂弱化的關中分封給三個秦降將，而他們擋不住「暗渡陳倉」從漢中出來的劉邦；出乎項羽預料的，是劉邦再從關中殺出來時，實力已擴張到五六十萬人，足以和他決戰。

為什麼劉邦會成長得這麼快？因為他有關中的民心？但當時的關中還剩多少人呢？還是因為項羽太顧人怨，黃河以北的諸王都改站在劉家軍那邊？這的確有可能，但何以滅秦之前，大家就願意配合項羽？所以終歸還是分封錯誤造成的影響嗎？那〈鴻門宴〉就更不是歷史轉折點了，分封錯誤才是項羽真正失敗的地方。

劉邦本人也正是因為對於分封不爽，因此才會起兵反楚；如果依約給他關中，他或許就不動了，或是動不了。因為一出關中，就會碰到有張良在的韓國。但項羽後來先滅了韓國，張良回頭找劉邦，劉邦就出關中了。歷史發展的動力，在這邊就全串起來。

英雄的誕生

所以〈鴻門宴〉不真實，也不重要囉？那這篇課文還值得一讀嗎？

相對於戰國時代的君臣形象，〈鴻門宴〉呈現一個軍閥主導，有本事就能出頭，完全實力主義的英雄世界；雖然現代人對於這樣的世界已相當熟悉，但在兩千年前，這可是一套全新的世界觀與價值觀。若說前一篇的〈大同與小康〉呈現出孔門阿宅的幻想與熱血，那〈鴻門宴〉展示的則是英雄的浪漫與瀟灑，這兩種情懷都影響了之後華人的思考方式。

再者，〈鴻門宴〉離史實恐怕有段不小的距離，但我認為正是透過這段距離才能看出司馬遷美化人物的功力。畢竟要繞著史實創造新的角色平衡，很容易搞砸而出現連常人都感到不識的矛盾。我認為司馬遷的調整算相對成功，因為多數人都看不出他的推理漏洞，而是直覺相信他的描述。透過司馬遷的引導，就算歷史課本已經大爆雷，告訴你「最後他們都死掉了」，但讀者也還是能體會這過程的價值。

價值是產生在過程中，而不是結果。人都會死，但有些人的人生，還滿有意思的。

延伸方向：反思與媒體識讀能力

只有很少人曾經帶兵演習過，更別提真的打過仗了，因此面對戰爭類或政治鬥爭類的文本內容，討論焦點經常落在文字表現與故事結構，而不太去思考「到底哪一部分是真的？」

事件真相可能永遠不明，但不論是什麼年紀、擁有何種經驗的人，其實都可以試著推敲「如果是我，我會怎麼做？」

如果你是他，碰到類似的狀況，你會採取什麼策略？真能做得到嗎？如果採用他的策略，又真能達到他那樣的程度嗎？透過這類反思，你會發現自己看到的各種事件記述（包括新聞與史書）通常只是片面的或被刻意製造的資訊，實際的事件發展過程很可能是另一條脈絡。

這就是最基本的媒體識讀能力了。

「約定」的政治倫理：〈出師表〉

原文：臣亮言：先帝創業未半，而中道崩殂。今天下三分，益州疲弊，此誠危急存亡之秋也。然侍衛之臣，不懈於內；忠志之士，忘身於外者，蓋追先帝之殊遇，欲報之於陛下也。誠宜開張聖聽，以光先帝遺德，恢宏志士之氣，不宜妄自菲薄，引喻失義，以塞忠諫之路也。宮中、府中，俱為一體，陟罰臧否，不宜異同。若有作奸犯科，及為忠善者，宜付有司，論其刑賞，以昭陛下平明之理，不宜偏私，使內外異法也。侍中、侍郎郭攸之、費禕、董允等，此皆良實，志慮忠純，是以先帝簡拔以遺陛下。愚以為宮中之事，事無大小，悉以咨之，然後施行，必能裨補闕漏，有所廣益。將軍向寵，性行淑均，曉暢軍事，試用於昔日，先帝稱之曰：「能」，是以眾議舉寵為督。愚以為營中之事，悉以咨之，必能使行陣和睦，優劣得所。親賢臣，遠小人，此先漢所以興隆也；親小人，遠賢臣，此後漢所以傾頹也。先帝在時，每與臣論此事，未嘗不歎息痛恨於桓、靈也。侍中、尚書、長史、參軍，此悉貞亮死節之臣也，願陛下親之、信之，則漢室之隆，可計日而待也。

神展開譯文：先帝開創偉業尚未成功，就已經駕崩。現在天下分為三國，益州困乏，這正是存亡的關鍵時刻！然而陛下身邊的大臣在朝廷內努力不懈，忠心的將士在外捨身報國，這都是因為受到先帝優厚的待遇，因此想報答皇上啊！陛下應該聽取多方意見，闡揚先帝的遺德，壯大有志之士的勇氣，也不應該看輕自己，拿錯誤的事來做比喻，以致阻塞了進諫的道路。皇宮或丞相府都是一體的，賞善罰惡也就不應有不同的標準。若有做壞事的，或是忠善的人，也應該交給主管官員去判定懲罰或獎賞，以彰顯陛下的公正明理，不應私心偏袒，使得皇宮與丞相府有不同的標準。侍中、侍郎郭攸之、費禕、董允都是善良實在的人，心思忠直純正，因此先帝提拔他們來幫助陛下。臣認為宮裡的大小事都應詢問他們，然後實行，這必定能補救疏漏，而有更多好處。將軍向寵個性良善公正，又通曉軍事，以前試用他時，先帝也稱讚他「確實能幹」，因此大家決議推舉向寵做都督。臣認為軍隊的事都應問他，必定能使軍隊和睦，不論軍士優劣都能獲得適當安排。親近賢臣，遠離小人，這是西漢興盛的原因；親近小人，遠離賢臣，就是東漢衰敗的理由。先帝在世時，每次和我討論到這些事，都嘆息痛恨桓帝、靈帝的亂政！侍中、尚書、長史、參軍，這些都是忠貞梗直，能以死盡節的大臣，希望陛下親近信任他們，那麼漢朝的興盛，就不須等待太久了。

原文：臣本布衣，躬耕於南陽，苟全性命於亂世，不求聞達于諸侯。先帝不以臣卑鄙，猥自枉屈，三顧臣於草廬之中，諮臣以當世之事。由是感激，遂許先帝以驅馳。後值傾覆，受任於敗軍之際，奉命於危難之間，爾來二十有一年矣！先帝知臣謹慎，故臨崩寄臣以大事也。受命以來，夙夜憂勤，恐託付不效，以傷先帝之明。故五月渡瀘，深入不毛。今南方已定，兵甲已足，當獎率三軍，北定中原。庶竭駑鈍，攘除奸凶，興復漢室，還於舊都；此臣所以報先帝而忠陛下之職分也。至於斟酌損益，進盡忠言，則攸之、禕、允之任也。

神展開譯文：微臣本來是平民，在南陽耕種，在亂世苟且偷生，不企求在諸侯間獲得任用。先帝不認為我卑賤，反而委屈自己，三次到草廬來看微臣，問我當時的大事。微臣感激，因此答應為先帝效力。之後遇到大敗，微臣在敗軍危難中接受委任，到現在已經二十一年了！先帝知道微臣個性謹慎，在臨終時把國家大事託付給微臣。接受遺命以來，早晚都帶著憂心來投入勤務工作，只怕先帝的託付無法成功，而有損先帝的英明。所以在五月帶兵渡過瀘水，深入蠻荒。現在南方已平定，軍備已經充足，應當率領三軍北伐平定中原。微臣會竭盡低劣的才能，努力滅除奸兇之人，復興漢朝，還都洛陽；這是微臣用來報答先帝和效忠陛下所應盡的職責！至於估算施政利弊，努力進諫忠言，則是郭攸之、費禕、董允等人的責任。

原文：願陛下託臣以討賊興復之效；不效，則治臣之罪，以告先帝之靈。若無興德之言，則責攸之、禕、允等之慢，以彰其咎。陛下亦宜自課，以諮諏善道，察納雅言，深追先帝遺詔，臣不勝受恩感激。今當遠離，臨表涕泣，不知所云。

神展開譯文：希望陛下交給微臣討伐國賊復興漢朝的任務；如果不成功，就依法治微臣的罪，以祭告先帝的在天之靈。如果沒有提升德行的諫言，就應該責罰攸之、禕、允等人的怠慢，以顯明他們的過失。陛下也應該自我要求，向群臣諮詢良善的做事方法，採納各界的意見，深切追念先帝的遺詔，那微臣也會因蒙受恩寵而感激不盡。現在微臣將就出發遠離陛下，在讀此表時激動流淚，不知道自己說了些什麼。

一「表」各表

〈出師表〉可以算是這本書的真正「起源」。因為受到朋友所託，我曾針對〈出師表〉寫過一篇倫理學角度的分析，該文最後收錄在《國文開外掛》中。也正是因為該篇文章，我才又針對其他的十四篇必選古文進行探究，其成果就是本書各章了。

我曾考量是否直接把《國文開外掛》所收錄的〈出師表〉分析文（標題是〈不讓他長大〉）搬來這本書中，但因為其結構和本書有點不同，討論的方向也集中在單一議題，因此我還是重寫了一篇更完整的論述。以下我仍會簡單介紹〈不讓他長大〉的論述內容，想完整瞭解該文主張的讀者朋友，可以再去找《國文開外掛》來看看。

在本章中，我打算用政治倫理的角度來看〈出師表〉。經過各類藝文創作的美化，常人對於諸葛亮的政治判斷與執行能力有著過高的評價，但我並不想對他的職涯進行全面檢討，而是純就〈出師表〉這篇文章的內容，來看看他的核心價值，也就是對於「履約」的堅持。〈出師表〉裡頭藏了大大小小的「合約」，但君臣之間的政治約定，真有那麼重大、神聖嗎？

破壞了人格完整性

因為電玩普及，許多人熟知諸葛亮的生平故事，卻很少人意識到他被劉備挖出來時（西元二〇七年），只有二十六、七歲；在這之前，除了讀書和交遊鬼混之外，他並沒有什麼實務工作經驗。雖然他曾隨叔叔到處當官，但就算有幫上忙，也是不太重要的工作。叔叔死後，就是一直耕田，然後和住得近的士人結交。

因為沒有實績，因此他的名氣很可能是來自小小士人同溫層（特別是司馬徽與徐庶）的吹捧。不過劉備還是買帳了，而且也接納諸葛亮的戰略建議。從來沒當過官的人一下爬到決策階層，當然是相當冒險的用人方式，據傳關、張兩人也頗為不滿。但後來事態的發展基本上是照諸葛亮說的方向走，他在劉備陣營的地位也就慢慢穩定。

在劉備死了（西元二二三年）之後，蜀漢陣營已無人能挑戰他的權勢，諸葛亮成為實質的「大哥大大」。雖然要代後主自立絕對不成問題，但因為實質上沒必要（人權獨握，也沒有可能挑戰者，篡位反而增加道德風險），加上還有其他目標設定（北伐擴張地盤），所以他在發了〈出師表〉後，隨即扔下蜀漢朝廷帥氣出征。

〈出師表〉的結構可分為三個段落。第一段是從開始到「漢室之隆，可計日而待也」，這算是蜀漢當時的政治狀況介紹。第二段是從「臣本布衣」到「則攸之、禕、允之任也」，是諸葛亮的自介與策略說明。第三段是結語，算是交代（講難聽是命令，講好聽是建議）劉禪的部分。

在《國文開外掛》一書中，我是以倫理學的「人格完整性」（integrity）概念來批判〈出師表〉的強勢態度。要培養良善的人格，必須讓當事人自決、自律，並讓他承擔結果與道德責任，這樣才能讓他成為一個「完整的人」。而諸葛亮在〈出師表〉一文中展現出相對強勢的父權態度，並未給劉禪什麼判斷空間。這雖然在政治上確實有效（北伐之際，劉禪和他的快樂朋友們都不敢在大後方亂），但長期來看，劉禪一直無法透過政治活動讓自己成為一個「完整的人」，也就無法在諸葛亮離開之後承擔大任。他還是只能被其他人擺布。

雖然劉禪這種隨波逐流的態度讓他在亂世裡得以善終，但客觀來講，他除了保住自己的命之外，並沒辦法保住其他的人事物與價值，不能算是擁有成功的人生。所以諸葛亮在政治方面雖然有些成功，但在幫劉備教小孩這點，還是有點不到位的。（想進一步瞭解相關論述，可參考《國文開外掛》。）

「約」的三脈絡

於此我要轉個方向，看諸葛亮所留下的另一個政治倫理問題，即重視「約定」態度。約定或承諾是個道德行動，衍生出的制度是「契約」，這是許多政治哲學理論的起點，而相關的德行是「信用」、「信任」，這也是維持社群運作的重要公共德行。

透過〈出師表〉的內容，再搭配其他歷史文獻，不難發現劉備（蜀漢）陣營的賣點就是對於「約」的重視。他們這票人並非不會跳票，甚至還算是較常跳票（曹操、孫權、荊州劉家、益州劉璋都吃過虧）的，但他們就是愛賣弄守承諾的道德正當性。至少對自己人守承諾。

因此相對於其他有錢有糧，有穩固地盤的陣營，劉備從北到南，由東到西的一路流浪，卻也還是有一票人跟著他，甚至在大勢不妙的狀況下，還擁立他稱帝。諸葛亮雖然是很晚（劉關張起兵的二十餘年後）才加入，但他的權力來自於劉備的信任，因此也把這場大戲演下去，演到底。

在〈出師表〉中，大概有三個與「約」有關的脈絡。第一個脈絡是「諸葛亮自己和劉備」的約定，這脈絡又可再分為三階段。

這關係的起點是「臣本布衣，躬耕於南陽」，諸葛亮一開始混得不好，但劉備以主君之尊，跑去「三顧臣於草廬之中」。諸葛亮感念於這樣的提拔與肯定，所以答應加入。這一階段「約」的內容是劉備用禮賢下士，換諸葛亮的效命。

下一個階段，是剛加入後劉備陣營就碰到困境，「受任於敗軍之際，奉命於危難之間」，這階段的合約內容是劉備於關鍵時刻重用諸葛亮，而諸葛亮以長期效力來回報。

第三階段是遺詔及後續階段，「先帝知臣謹慎，故臨崩寄臣以大事也。」劉備把整個帝國都交給他，而諸葛亮則更加投入，以免讓劉備被批評是所託非人。他甚至多做了許多劉備沒說一定要做的事，像是平定南方，以及北伐。

這三個階段有個共通的特質，就是劉備出嘴講一講，諸葛亮就做長期、做得半死，或是做到超過原合約要求。「吃人一口，報人一斗」在華人文化是種常見的互動模式，但可能造成履約者相對的道德壓力，意圖保持道德形象的人（想當好人的人）就會為不斷增加的互動要求而奔命，甚至喪命。諸葛亮最後也是累掛在北伐過程中。

第二個脈絡，是由「劉備轉移到劉禪的代代相傳契約」。像說劉禪的大臣們是「蓋追先帝之殊遇，欲報之於陛下也。」所以劉禪要回報這種恩情，「誠宜開張聖聽，以光先帝遺德」，也要讓這些老臣覺得爽快，如「恢宏志士之氣」。而且諸葛亮還要求劉禪多做一點，「不宜妄自菲薄，引喻失義，以塞忠諫之路也。」

為了讓劉禪更清楚這「兩代合約關係」的對象，諸葛亮還正面表列：「侍中、侍郎郭攸之、費禕、董允等，……是以先帝簡拔以遺陛下。」「將軍向寵，……試用於昔日，先帝稱之曰能，是以眾議舉寵為督。」就算先帝保證還不夠，連諸葛亮也加入當信用擔保：「侍中、尚書、長史、參軍，此悉貞亮死節之臣也，願陛下親之、信之」，而且這種擔保是真有執行效力的，「不效，則治臣之罪，以告先帝之靈。」「若無興德之言，則責攸之、禕、允等之慢，以彰其咎。」而強力推薦之後，諸葛亮也提到了合約對造的責任，「陛下亦宜自課，以諮諏善道，察納雅言。」

話都被你講完了，劉禪除了買單，還能怎樣？

第三種「約」的脈絡比較少注意到，即「劉禪與其朝臣、近侍」的關係。這得由文字細微處抓出來：「宮中、府中，俱為一體，陟罰臧否，不宜異同。若有作奸犯科，及為忠善者，宜付有司，論其刑賞，以昭陛下平明之理，不宜偏私，使內外異法也。」

這話看來是某種事前的提醒，但其實應該是諸葛亮掌握到朝廷內的不安因子，即劉禪人馬（宮中）與老臣（府中）的對立，因此要求劉禪得公平對待大臣，以免橫生枝節。可以注意前面第二脈絡的合約，是劉禪和兩朝老臣之間的，不涉及劉禪自己的人馬，但諸葛亮利用平衡的技巧，把劉禪人馬也拉進前面的兩組合約中：如果老臣辦事不牢要受罰，那你自己的人馬也該用同樣的標準。

綁約的道德危機

這三層次綁定的合約關係，牢牢的把劉禪抓在自己手中，雖鞏固了大權，但也造成了相對的道德危機。

第一層次的道德危機，是這種不斷膨大的合約可能形成「不樂之捐」「善意比賽」的惡性循環。諸葛亮就是被自己的「加碼」付出搞到累死，就算劉備沒要那麼多，他還是給了一大堆；但累死自己就算了，當他展示了這種付出表態之後，其他人也被迫跟進加碼演出，以免在被批判是「輸了」，甚至是「錯的」。

多數倫理學家認為，在約定以外的部分，就算一方願意多給，那也不能當成是道德責任，除非進入合約關係的所有當事人都清楚意識到這種多餘付出已成為合約中的必然成份。可是這一切成立的前提，是當事人自願加入這合約，但劉禪不是，他是直接繼承這合約的，沒有選擇權。他不「多給」，其他大臣不多給，就會像是壞人。但他們並非真的壞人，而是種錯誤互動模式（惡性循環）的受害者。

這種惡性循環是「道德勒索」，會要求當事人為了永無止境的「消極責任」來付出。消極責任是指那些非當事人可預期，但因為和事件有因果關係，因此他必須不斷承擔責任。

諸葛亮似乎就陷入了這樣的惡性循環，他如果在蜀地修養生息，等待曹魏出現大規模內亂之後再出征，或許還可能獲得某種局部的勝利，但他的北伐過程看來都相當急迫，也沒有客觀條件上的優勢，偏向於為戰爭而戰爭，反而失去了道德正當性。

第二層次的道德危機，是諸葛亮企圖不斷轉移合約，一路轉到劉禪和他近臣，但這種「轉移」不會有道德正當性。劉禪繼承劉備的帝國是種政治上的繼承，在當時也有其道德正當性，但這繼承只限於制度上的權力，不代表他對於老臣就有相對的道德責任。他用老臣，可以是因為老臣幹練、有經驗，也可以是因為沒有其他選擇，但若是因為「老爸用，所以我也用」，那道德正當性反而比較弱。

諸葛亮對於劉禪的繼位的確有其貢獻（殺掉競爭者劉封），但這種貢獻在政治上並不光彩，也是缺乏道德正當性的，如果劉禪是基於此點而重視諸葛亮的意見，那也不太對勁。而且諸葛亮在綁定大量合約之後，還要求劉禪自己的人馬也要綁進來這個合約，這在道德上就更奇怪了。

換個角度來說，如果諸葛亮訴求的是打破人際小圈圈或同溫層，訴求用人唯才，或許會更合理。但他似乎未曾考量過這方面的可能性，原因大概只有一個，就是他認為劉禪無法分辨誰是真正的人才，也沒辦法把人放在正確的位子上。

所以諸葛亮退而求其次，要劉禪遵守他留下來的合約，管好他的那群「狐朋狗友」們；他對劉禪的要求很低，對於改變劉禪似乎也不抱期望。如果將前面的部分拉過來一起看，就會發現諸葛亮頗為無力，為了自以為道德責任付出一切，卻只能力求保住一個不太理想的結果。

諸葛亮的美名與失敗

就現實政治來說，諸葛亮換得了美名，卻是個失敗者。這種人格典型值得學習嗎？我認為他在政治上能有更好的選擇，但這樣「諸葛亮」就只會是歷史上曾經出現的宰相之一，沒什麼特殊，也不會有人想要在小說、戲劇中肯定他。

悲劇性或道德上的病態人格更有文學價值。倫理學家或許無法告訴你怎麼做會更「好」，但他們可以確定諸葛亮叔叔的處事態度，最好是不要學。

延伸方向：悲劇英雄的道德問題

三國史有太多可參考的文獻，就算是史學家所不屑的小說、演義，甚至是電玩、動漫，我也認為都可以接觸或深入瞭解一下。看過各式各樣稀奇古怪的文本之後，再來接觸古典史料，或許能產生更多元的反思。

像是為什麼後來的創作者，會去強化這些其實有問題的人格面向？人都有優缺點，也有討人喜歡或惹人厭惡的面向，但我們經常把兩種光譜混淆在一起討論，認定「我喜歡的」就是他的「優點」，「我討厭的」就是他的「缺點」，這種主觀主義態度會讓我們在判斷對錯時出現偏誤。

蜀漢要角的人格特質相對討喜，但他們的人生或團隊都相對失敗，這顯然會有超出「運氣」的緣由。道德判斷雖非「成王敗寇」這麼簡單，但原則上當一群人怎麼搞都是失敗又沮喪的時候，鐵定是有道德問題，應該好好自我檢討。

在當代流行文化中，人們喜歡觀看誇張或異常的人格表現，這類人格特質也可能在短期獲得巨大的成就，這會讓多數平凡的人們誤以為那是某種正確或成功的模式。

但那不是真正的成功與正確。悲劇英雄並不是真正的英雄，而是一個道德的病人。思考醫治這種人格的方法，會比頌揚或崇拜這種人要來得有意義。

續理想國：〈桃花源記〉

原文：晉太元中，武陵人，捕魚為業，緣溪行，忘路之遠近，忽逢桃花林，夾岸數百步，中無雜樹，芳草鮮美，落英繽紛。漁人甚異之，復前行，欲窮其林，林盡水源，便得一山，山有小口，彷彿若有光，便捨船，從口入。

神展開譯文：東晉太元年間，有一位武陵人以捕魚維生，他沿著溪水行船，忘了移動多遠，忽然進入一大片桃花林中，幾百步的長度，竟然都沒有其他的樹，小草新鮮嬌美，落花紛紛灑落。漁人非常驚訝，又再向前行，想找到桃花林的盡頭。桃花林底的水源處是一座山，山腳有個小洞，洞裡面好像有光。漁夫停好小船，從洞口進去。

原文：初極狹，纔通人，復行數十步，豁然開朗，土地平曠，屋舍儼然，有良田、美池、桑竹之屬，阡陌交通，雞犬相聞，其中往來種作，男女衣著，悉如外人，黃髮垂髫，並怡然自樂。見漁人，乃大驚，問所從來，具答之，便要還家，設酒、殺雞、做食。村中聞有此人，咸來問訊，自云先世避秦時亂，率妻子邑人來此絕境，不復出焉，遂與外人間隔。問今是何世，乃不知有漢，無論魏晉。此人一一為具言所聞，皆歎惋，餘人各復沿至其家，皆出酒食，停數日辭去，此中人語云：不足為外人道也。

神展開譯文：山洞一開始很窄，只能一個人通過；又走了幾十步，突然走入一個開闊的空間，那裡土地平坦空曠，房屋成排，有良好的田地、池塘和桑樹、竹林。田梗相通，可以聽見雞鳴狗叫聲。在路上行走，田裡耕作的男女穿著，都像是外國人，老人小孩都輕鬆閑適，自得其樂。他們看到漁夫大吃一驚，問他從哪裡來，漁夫具實以告，當地人就邀請他到家裡，擺酒、殺雞、做飯。村裡聽說來了外人，都來打聽消息。當地人對漁夫說，自己的祖先因躲避秦時的戰亂，帶領妻兒和同鄉人來到這個秘境，再也沒有出去過，也與外面斷絕了音訊。他們問現在是什麼朝代，卻連漢朝都不知道，別用說魏晉了。漁夫把歷史都告知他們，他們都感嘆與惋惜。其餘的人也都邀請漁夫到他們家去，準備酒飯招待；他多逗留了幾天後，決定告辭回家。當地人告訴他，這裡的事沒必要對外面人說。

原文：既出，得其船，便扶向路，處處誌之，及郡下，詣太守，說如此。太守即遣人隨其往，尋向所誌，遂迷不復得路。南陽劉子驥，高尚士也，聞之欣然規往，未果，尋病終，後遂無問津者。

神展開譯文：漁夫出來以後，找到自己的船，就沿著來時路回去，沿途做了記號。回到了郡裡，就拜見太守，報告自己的經歷。太守立即派人跟他去，一路尋找記號，結果卻迷途而找不到去路。南陽的劉子驥，是位高尚的士人，聽到這事，就計劃去尋找，可惜還沒實現就病逝，之後就沒人去尋找這桃花源了。

被用到爆的梗

西方有理想國、烏托邦，華人有個桃花源，雖然這種完美國度在當代小說或輕小說中很盛行，但在古時並不多見，所以只要出了一個好梗，就會被大家拿來「用到爆」。陶淵明短短幾百字的〈桃花源記〉，就被後人拿來二創、三創，創到爆，創到無華人不知，也一路創進了高中課本裡。

那麼，這個陶淵明獨家報導的秘境，會是種「業配」嗎？他想「賣」的東西到底是什麼？某種道家的主張？個人的政治理想？或者只是一心想推薦這個旅遊景點、網美自拍打卡勝地？

歷代研究〈桃花源記〉的文獻很多，因篇幅考量，我無法一一介紹，但我會偷渡前人研究成果來談一些我認為較少人注意到的細節。我將帶大家在各種可能性之間繞來繞去，探看這位邊緣人阿伯的內心黑暗面。

〈桃花源記〉故事結構大概是這樣的：東晉末年（西元三八五年左右）有個武陵的漁夫沿溪抓魚時迷航，經過一片桃花林後，穿過山洞進入一個神祕的村落。村人熱情招待他，他才發現這些人是秦時逃來此地，之後就和外界失去連繫。漁夫爽了幾天後離開，把這事報告當地太守，但要回去找路時，就再也找不到留下的記號了。劉子驥想去找，還沒出發就掛了，這事也就被人們遺忘。

好！這故事簡單輕巧，但也因為太簡單，引發了很多推測和猜想。我就透過下面三個問題來集中焦點：

一、這故事是怎麼來的？

二、這故事有寓意嗎？

三、這故事對現代人有意義嗎？

應是原創

陶淵明活躍期在晉末宋初（西元三六五年 - 四二七年），而一般相信〈桃花源記〉是在劉宋初年（西元四二一年）時所撰寫的。故事設定的背景是「晉太元中」，也就是西元三八五年左右，當時陶淵明約二十歲。太元年間的大事，就是「淝水之戰」（西元三八三年），不過和〈桃花源記〉可能沒有直接關係。

那麼，這故事是真實事件嗎？或說有其他事件和這故事「有點像」嗎？

若陶淵明只是在轉述或美化一個約四十年前的真實事件，那也理應有其他版本。但依現有文獻，在〈桃花源記〉出現之前並沒有類似的故事，甚至連結構相近的都找不到。當然，這狀況也可間接證明陶淵明應該不是抄別人的，因為沒啥可抄。

若說這故事只在事發當地（武陵，就是湖南西北部山區）的小圈圈流傳，因此沒有其他版本，那陶淵明（主要都在江西和南京一帶鬼混）和身在河南的劉子驥（他是曾活動到湖南南方，但應該沒到過武陵），又是怎麼知道這件事的？

因此我認為可以大膽推定〈桃花源記〉是陶淵明自創的故事。不過劉子驥（也是晉太元中的人）這人的確是個線索，《晉書》中記載他採藥時曾看見神祕石造倉庫，這事件包括了「小溪」「屋子」「迷路」「離開後再訪已找不到」等等的要素，加上他在〈桃花源記〉也出場亮相，因此也有學者主張劉子驥的故事雖算不上是「原型」，但應該是〈桃花源記〉的發想來源。另外，〈桃花源記〉可能參考了更晚期的真實事件。西元四一七年到四一八年的劉裕北伐過程中，為了探查黃河流域水路是否能行軍船，有東晉將領偵察了黃河支流洛水，並看見河旁有許多隔絕於高嶺之上的塢堡（有人常居的險要堡壘），這也可能成為陶淵明在構思故事時的素材。

不過那些塢堡是在洛水（河南），劉子驥的小溪是在衡山（湖南），為什麼會突然選個看來和這些素材都無關的武陵呢？這可能存在某些科學的考量。被泛稱為武陵的地區，是湖北、湖南、四川、貴州的交界山區，到了一千多年後仍是少數民族居多，這些少數民族在歷史上也長期擁有獨立的自治政權。

當地山路難行，多透過水路移動，各地又充滿「異民」，也的確有流水穿洞的特殊地形，這些條件都能讓陶淵明的故事變得非常「立體」，更顯真實。若這故事時空真的是陶淵明掰出來的，那他創作的功力的確不簡單，因為在一千六百年前，不具備現代地理知識的寫作者，很難注意到故事與環境之間的合理性。

或許因為地理條件太真實，也一直有人懷疑這是真實事件。但我要補上最後一槍：秦時的語音和東晉時的語音已明顯不同，更別說桃花源這種封閉環境，理應也有自身的語音演化。因此若這是真實事件，漁夫和桃花源村民應該很難溝通。所以這故事雖然符合地理實景，但絕大部分應是陶淵明的創作，沒有太多來自前人的資源。

道家文青幻想的理想國

若這絕大多是是陶淵明「自產」，那他想透過這故事表達什麼？

談到此文的價值，學界先進多數認為這故事說明了道家生活美學或道家政治哲學，也表現作者對於現實政治的不滿。但這篇短短的記事文章，真能「載」這麼多的東西嗎？這可不是論說文哦！

在陶淵明之前一百多年，道家理論就由郭象、王弼發展至新的高峰，相對於前輩，陶淵明本人在〈桃花源記〉中並沒有什麼新的創見。他主要是引用道家概念，像是描述桃花源環境時明顯對應老子的「小國寡民」。

他不但直接引用了「雞犬相聞」一語，若進一步觀察桃花源村民的生活情境，就會發現這和老子的「甘其食，美其服，安其居，樂其俗」滿接近的。當然，桃花源村民熱情招待漁夫，有點不合於「老死不相往來」，但村民們也提及不用對外人提到這村子，這代表他們不打算接觸外界。

陶淵明陳述了一個老子的「理想國」，對其存在也持肯定立場，但實在是沒特別的深意。

我認為真正有意思的是漁夫的反應。漁夫在桃花源過得爽，卻依然選擇離開（有不少中國傳說故事，主角進到幻境是會娶妻生子，賴著不走的）。他為什麼離開，因為想家嗎？原文沒提到，當然也就無法排除這可能性。不過他離開時一路做記號，代表他是想再回桃花源的。

他幹嘛離開後又回來？想帶家人來嗎？不，他反而先去找武陵太守，請太守派人一起去桃花源，這代表漁夫想把外界政治力量帶進來這裡。不過他們失敗了。

我認為這故事若有「深意」，大概也是出在這一段。現代大學教育中談老子的小國寡民時，會提到這種「政治退化論」（反對現代國家，主張退化回原始部落）在實務上不可行，因為這種小國鐵定會受到其他政治體制（現代國家）的侵擾，就算全球一起進入這種情境，其經濟生產體制也無法維持這麼多人類的生存。

講白點，這小國寡民就是兩千多年前道家文青的幻想，在創始當時就很難成真，只是對現實世界（封建體制）的一種批判或「反動」，到了現代，也就更不可能成真。但這種道家文青想法也保持到今日，到現在還是有很多文青覺得「雞犬相聞」的地方才是他們生命的歸宿。於是跑到鄉下去開咖啡店。

小與大的互動

至少在晉末，這種道家文青受到的挑戰已比老子的春秋時代更加嚴苛。

陶淵明能採菊東籬，但他還是活在「大政府」所控制的範圍內，小國寡民的政治理念已無法實現。因此在創作上，他也只能把桃花源這「小國」放到充滿秘境的武陵深山中。

他也清楚，當他說出一個理想小國的故事之後，鐵定會被質疑「大政府」將介入、侵擾這個小國的問題。所以漁夫就像是「大政府」的化身或開發先鋒，他發現了不錯的新地域，這新地域的人民善意待他，他卻帶著大政府回頭來發動侵略。

所以陶淵明在老子之外，又多了一層新的考量。若說〈桃花源記〉是華人版的《理想國》，我認為在意念上更像是「續理想國」。老子沒提及他的小國該如何和大國互動，但陶淵明想過。

但他沒說這困境該怎麼解決。在故事中，他是用神祕方式處理掉了（漁夫找不到留下的標誌）。我認為這代表他抱持較悲觀的看法，認為這小國在真實世界應該是「死定了」。這就不能算是推廣道家理念，反而是種批判。

有學者認為陶淵明是對現實政治與戰亂的不滿，而寫了〈桃花源記〉。當時一度收復長安的大規模北伐仍以失敗告終，接著劉裕回師後推動篡位，東晉滅亡，這可能對士人造成相當程度的心靈衝擊。但從〈桃花源記〉的行文來說，東晉與劉宋之間的關係，很難類比成桃花源與武陵大守，因此我個人是看不出有比喻這一串政治事件的部分。

如果要對應真實狀況，我認為這故事和陶淵明的個人生命史有更密切的關係。陶淵明是東晉名門，陶侃後人，代代為官，但他當官當得最爛；先是在地方當小吏，好不容易爬高點，當了縣令，卻又混不下去，只好回家啃老（本），吃祖產。講好聽是不為五斗米折腰，但就算不是被「火」，他的態度也有點草莓，因為他是不想穿制服見督導官而辭職的。因此就算〈桃花源記〉裡頭有政治，陶淵明想的可能不是大規格的國家政治，而是個人政治。桃花源就是他自己的一方小小心田，就算「政治」曾經進來，但再也進不來了。就這角度來看，〈桃花源記〉是他對政治職涯的表態，雖然有點孤芳自賞，但他自己應該也清楚，實情是他回不去，不是政治進不來。

所以第一，他可能是在談老子的理想國已無法實現。第二，他可能用這故事比喻自己的從政心路。感覺都好像很負面，那這故事對現代人還有意義嗎？

深讀平行宇宙桃花源

〈桃花源記〉本身傳達的頂多就是道家文青式的田園生活美學，這種生活美學客觀上來講只是「一種」生活美學，但在放到課本後，卻好像變成「唯一」的美學，似乎當個中國文人，就是要回鄉耕個田才夠浪漫。

古人就算了，現代人若持有這種生活態度，不免就有點宗教信仰的味道；若還認為這種信仰在現代生活中有客觀意義，那似乎更加危險。當代社會生活就是種政治生活，人人都應該參與社群政治，不然很可能成為利益分配制度之下的受害者。

但〈桃花源記〉是追求「獨善其身」、「逃往田園」、「老死不相往來」，這與追求有效溝通、互惠利他、公平競爭的當代社會體制有明顯矛盾。講白點，若你深信桃花源的那一套，那你在當代世界應該就會死得很難看。

所以〈桃花源記〉不能淺看，應該深讀。在陶淵明眼中，桃花源是個已和現實世界分離的平行宇宙，只是漁夫好運意外「穿越」過去。而漁夫沒辦法再穿越第二次的事實，或許代表這兩個宇宙就像雙曲線，即便曾經非常接近，也早已拋向完全相反的方向，一去不回頭。

若是基於這種角度，那〈桃花源記〉還有個正面的意義：我們應當踏實生活，別想逃走；那花花草草都是假的，是你眼睛業障重。若陶淵明真是這樣想，而受他影響的二創、三創卻幾乎都走往相反的理路，那這就是史上第一個嚴重歪樓的討論串。

延伸方向：行為光譜上的利己與利他

就算是專業的中國哲學研究者，在提及道家理論時也不太提及道家的「利己主義」傾向。這是因為利己與利他的分野是西方倫理學的觀念，頂多在中國找個楊朱來對應利己主義。但從倫理學的角度，利己與利他並不是明確二分的，而是一個巨大的光譜，光譜上的主要差異不是「己」或「他」，而是「行為目的之對象」的範圍到底有多大。

有些人的一切行為都是為了自己，並以此為道德正確，那可以算是利己主義者。但一切都是為了自己小孩呢？有點利己，有點自私，但又和前者不一樣。有些人是為了自己的「村里」，有些人是為了自己的「族群」，有些人是為自己的「社群」，有些人是為「一國」，有些人是為了「全人類」，有些人更是「不分物種」。那麼，從哪種人開始算是「利他」呢？

思考過這一輪之後，你可以回頭看看桃花源的村民。他們是利己或利他呢？他們行為目的之對象範圍又有多大？漁夫是利己或利他呢？陶淵明是利己或利他呢？人世間的紛爭，是不是就全落在這「對象」範圍之上呢？

知不知「道」：〈師說〉

原文：古之學者必有師。師者，所以傳道、受業、解惑也。人非生而知之者，孰能無惑？惑而不從師，其為惑也終不解矣！

神展開譯文：古代的求學者一定會有老師。老師就是傳授道理，教導學業，解答疑惑的人。人不是生下來就有知識的，怎麼可能沒有疑惑呢？有了疑惑卻不追隨老師，那麼他的疑惑就永遠不能解答了。

原文：生乎吾前，其聞道也，固先乎吾，吾從而師之；生乎吾後，其聞道也，亦先乎吾，吾從而師之。吾師道也，夫庸知其年之先後生於吾乎？是故無貴、無賤、無長、無少，道之所存，師之所存也。

神展開譯文：比我老的人，他聽聞道理本來就會比我早，我該向他學習；比我小的人，如果他聽聞道理也比我早，那我也該向他學習。我所要學的是道理啊，何必要知道老師是比我老或小呢？所以，不用考慮尊貴、貧賤、年長、年少，哪邊有道理，就是老師所在的地方。

原文：嗟乎，師道之不存也久矣，欲人之無惑也難矣。古之聖人，其出人也遠矣，猶且從師而問焉。今之眾人，其下聖人也亦遠矣，而恥學於師。是故聖益聖，愚益愚。聖人之所以為聖，愚人之所以為愚，其皆出於此乎？

神展開譯文：唉，可是已經沒有人追隨老師學道理了啊！這樣人要沒有疑惑，也就很難了啊！古時聖人的知能遠超過一般人，仍會跟追隨老師來請益。現在的人們遠比不上聖人，卻認為追隨老師學習是可恥的。因此聖人越來越賢明，而愚人變得更愚笨。聖人之所以是聖人，愚人之所以是愚人，都是因為這樣吧？

原文：愛其子，擇師而教之，於其身則恥師焉，惑矣！彼童子之師，授之書而習其句讀者也，非吾所謂傳其道、解其惑者也。句讀之不知，惑之不解，或師焉，或不焉，小學而大遺，吾未見其明也。

神展開譯文：人疼愛自己的孩子，會選擇好老師來教，但是他們自己本卻恥於向老師學習，這就讓人想不通了。那些孩子的老師只是教寫字、斷句，並不是我說的傳授道理、解答疑惑問題的老師啊！讀文章不會斷句，就會問老師，但碰到無法解開的疑惑時，卻不問老師，只學到細節而忽略了重點，我實在看不出這有什麼聰明之處。

原文：巫、醫、樂師、百工之人，不恥相師。士大夫之族，曰師曰弟子云者，則群聚而笑之。問之，則曰：「彼與彼年相若也，道相似也。」位卑則足羞，官盛則近諛。嗚乎！師道之不復可知矣。巫、醫、樂師百工之人，君子不齒，今其智乃反不能及，其可怪也歟！

神展開譯文：巫祝、醫師、樂師及各種工匠，都不會以互相學習為恥。但只要在士人面前提到老師、學生這些稱謂，他們就會聚在一起嘲笑這說法。問為何要笑呢？他們會回答：「他們年紀差不多，掌握的道理也差不多。」所以老師地位低，會覺得可恥，老師官位高，又覺得是拍馬屁。唉呀！由此可知，追隨老師學習道理的風氣已難再現。士大夫瞧不起巫祝、醫師、樂師及各種工匠，但士大夫們的智慧卻反而比不上他們，這也太奇怪啦！

原文：聖人無常師。孔子師郯子、萇弘、師襄、老聃。郯子之徒，其賢不如孔子，孔子曰：

「三人行必有我師」。是故弟子不必不如師，師不必賢於弟子，聞道有先後，術業有專攻，如是而已。李氏子蟠，年十七，好古文，六藝、經傳，皆通習之。不拘於時，請學於余，余嘉其能行古道，作師說以貽之。

神展開譯文：聖人沒有固定的老師，孔子也曾問學於郯子、萇弘、師襄、老聃等人。郯子這些人的才智比不上孔子，但孔子說過：「三人同行，其中必定有我可以學習的對象。」所以學生不一定不如老師，老師也不一定比學生聰明，只是聽聞道理的時間有先後，技術知識也各有專長，如此而已。李家的孩子李蟠，今年十七歲，喜歡古文，六藝與經傳注都能通達學習。他不受限於當前的壞風氣來向我問學，而我為了獎勵他能遵行古人的從師之道，所以寫這篇〈師說〉來送給他。

韓愈碰到的「社會現實」

大家應該都學過「唐宋古文八大家」，而高中國文選文也選了兩位；文豪蘇東坡自然是必選，另一位就是八大家之首的韓愈。

蘇東坡在〈潮州韓文公廟碑〉中說韓愈是「文起八代之衰，而道濟天下之溺，忠犯人主之怒，而勇奪三軍之帥。」這段文字超霸氣，但韓愈本人應該沒那麼「帥」，但他的確非常「師」，因為他寫了一篇〈師說〉，影響了之後千餘年的華人教學理論。

〈師說〉雖然「道貌岸然」，卻是在他年輕時寫成的，因此這文章可算是他的「起手式」，之後就是順著這套路打下去。不過，年輕人畢竟是年輕人，這文章所提出的思想理論，真的夠「硬」嗎？有硬到足以成為教學理論的核心嗎？

〈師說〉的主張可簡單摘要如下：人非生而知之，所以需要老師來傳道授業解惑，若要學道，就別管老師年紀。現代人覺得從師可恥，因此越來越笨，花大錢幫小孩請家教，卻都只學一些瑣碎的，沒在學道。技工熱衷拜師，反而超越士人；聖人沒有固定老師，誰懂就向誰學。李蟠才十七歲，但人不錯，於是寫這文章送他。

依這格局來看，〈師說〉是由孔孟儒家的教學理論開展而出的，所以必須瞭解儒家的相關主張，才能掌握他的前提；但這對普通人來說不太容易，因此我先從韓愈的個人經歷談起。

韓愈生在西元七六八年，祖上七代都是官，標準的士人階級。七歲開始讀書，十三歲寫文章，這進度雖比不上唐代其他大才，但仍算是正常水準。西元七九二年（虛歲二十五）時中進士，但吏部考試又連三年不中，遲遲無法當官。直到了西元七九六年才被節度史董晉起用，當個小吏。董晉掛掉後，韓愈又換去另一個節度史門下服務。當時已是藩鎮割據的局面，這樣的歷練還算是合理。

西元八〇〇年，他第二個老闆掛掉，於是第四度挑戰吏部國考，也終於過關，並在西元八〇一年到國子監任四門博士（就是士人階級子弟的業師），時年三十三歲。這代表他出道工作五年後才正式任官，並當上老師，而他約略在一年之後，即西元八〇二或八〇三年，就寫下〈師說〉。

就這經歷來看，我認為〈師說〉有可能是他碰到了一些「社會現實」，因此有感而發。什麼樣的社會現實呢？有以下幾種可能性。

第一是外界普遍懷疑他的能力。他一直考不好，只能在藩鎮做官，好不容易通過吏部考試後，就直上國子監四門博士；這是個教職，是需要學術專業知識的位子，而他在此之前的人生充滿挫折，自然可能會被人講小話。

第二是派系鬥爭。關於韓愈教學狀況的詳情不多，只知道他很快建立自己的派系；有派系，就可能有爭議，所以韓愈也可能是其他派系或士人所反對的目標。

第三是士人普遍歧視他擁有的個人特質。他在文中指出當時士人求學的問題在於「不拜師」「看年紀」「看出身」「只重文辭小技」「問題不求慎解」「恥於相師」。就其他同時代者的證言，當時士人階級似乎真如〈師說〉所述，不太尋求良師的指導。但或許更少人會找韓愈問道，因為他個人條件完美對應到當時會被歧視的特質（年輕、經歷差、愛講大道理），所以他的感受可能特別深刻。

而這個出現在故事中的李蟠，可能就是在眾多批判懷疑之聲下，仍決心追隨韓愈的代表人物，韓愈也才會寫這篇〈師說〉送他。這一方面有拉攏李蟠的意思（這人也是士人階級，第二年就中進士了），另一方面也是藉機罵人。

這讓人不得不懷疑〈師說〉的原本格局或許沒有現行主流說法所想的那麼「宏大」。此文可能是批判真實存在的特定個人，這人（或這些人）曾經嘲笑過李蟠和韓愈，於是韓愈就發了篇「戰文」，幫（或教）李蟠如何反擊。但是韓愈的戰文卻意外廣獲共鳴，也因此成為重要的代表性文本。

會有這種擴散效果，當然是因為韓愈的文章的確載了一些「道」，否則論理技術不佳又缺乏核心意識的文章，無法獲得這麼廣大的共鳴。大概也因為〈師說〉成功的擴散，其立論的原始背景也就因此淡化了。

不過，〈師說〉所承載的「道」，放到現在，還有說服力嗎？

找到「知道」的老師

韓愈在〈師說〉並沒釐清他口中的「道」是什麼，不過他還有另一篇知名的文章叫〈原道〉，寫於〈師說〉之後約一年。在〈原道〉這篇長文中，他主張只有儒家思想算道，其他佛家、老子說的都不算。

他認為老師的責任，就是傳上述這個道（傳道），然後教授一些知識技術（授業），並且協助解決學生的問題（解惑）。他也認為在中唐時代的士人圈，傳道這個部分已經沒了，大家都集中在授業，至於解惑，也偏向針對授業的相關部分，大多數人對於「道」是沒有興趣的。

他所批判的現象是學術環境僵化時很常見的問題。當學術理論系統失去發展活力的時候，就會專注在知識技術的枝微末節部分，不再推進核心價值觀或意識形態。

韓愈或許認為正是因為儒者在這方面的懈怠與墮落，造成佛老思想有機會先後入侵，而要改善這個問題，當然就是從教學現場做起，最重要的就是找到正確的老師。那誰是正確的老師呢？

他說：「道之所存，師之所存也。」但除此之外，他就沒有更進一步的正面表列，只說年紀不影響為師，出身不影響為師，官位不影響為師，智愚不影響為師，然後「聞道有先後，術業有專攻」，先學到知識技術的人與專業者可以為師。

這種論述方式有不小的推論漏洞。當我做學生，如果要找人拜師學道，依照韓愈的說法，我就不是從年齡、地位、出身背景、智愚等條件來判斷誰可以當老師；能當我老師的，就只有真正「知道」的人。這個人瞭解「道」，瞭解學問的核心意識形態是什麼。

誰又是「知道」的人呢？我有能力判斷嗎？我就是因為「不知道」，才須要拜師學習，那我又怎麼會知道誰「知道」呢？找其他知道誰「知道」的人來推薦？可是我又要怎樣知道誰是知道誰「知道」的人呢？這就無限後退了。（這段繞來繞去的，但也凸顯「知道」一詞遠比我們的日常用法要來得深奧。）

不解決這個邏輯上的破洞，當士子們真彼此「相師」時，恐怕也不會有多大的長進，因為這兩個人可能都「不知道」，他們之間的討論會原地打轉，甚至走往更嚴重的偏誤。

如果採取樂觀一點的看法，像是某甲覺得某乙琴彈的不錯，於是向某乙學習琴藝，而某乙覺得某甲的詩詞寫得不錯，於是向某甲學習詩詞，這可能形成某種互惠的「相師」（就像現代的語言交換或技能交換），但學了半天，可能還是在「百工」的層級，也就是「授業」，還是無法真正傳道或解惑。

因此韓愈的教學方法論存在許多隱藏預設，不接受這些預設，他所建議的教育體系就會存在一堆洞。那他有什麼預設呢？

「大道」與「小道」

韓愈認為真正的道只有一個（這我們前面提過了，就是排除佛老之後的古典儒家看法），所有士人階級或學習者都內建了相關知識，但每個人的知識程度不同，因此程度高的可以協助程度低的往上提升，或是「知道這個卻不懂那個」的人，可以找「知道那個但不懂這個」的人來「互師」，以補足缺憾。除了補強之外，也可能協助對方排除佛老思想的負面影響。

不過我認為這預設在唐代的環境都有點說不通了，更別說是現在。有點歷史知識的朋友，應該都知道韓愈之後「諫迎佛骨」（勸皇帝不要花錢迎來佛陀的遺骨），也差點因此被斬了，這代表當時佛教的影響力相當強大，而老子（道家）學說則因為道教是唐朝的國教（這就比較少人知道了），也有一定的影響力。

因此韓愈的預設並非當時人們的共識，佛教信徒也可以用同套方法論去精進佛法，這或許就不是韓愈本人所樂見的。當然，如果出現用以精進佛法的狀況，或許也證明了韓愈的教學方法論（教學理論排除內容的部分）能用在不同的意識形態之中。

這就牽涉到韓愈的第二個預設，就是每個人都已擁有某種穩定的意識形態核心。當你意識到自己是個儒家，並有意識精進自己的相關知識時，你就可能運用韓愈建議的這套「相師」系統來傳道、授業、解惑。如果你是佛家，當然也可以在佛學方面精進。不過，如果你根本不知自己是什麼家呢？

唐代人因為知識傳遞的模式，在成長的過程中就已經被形塑成某種家，或是儒釋道合一，但若把這格局放到當代社會來看，就沒那麼單純了。

多數現代人先是接受啟蒙運動式的教育（主張由觀察自然來建立客觀知識），接著是包容多元價值觀的教育（刻意避免核心意識形態），這兩種傾向都將挑戰韓愈的這套教學方法論。

像是在高中講述韓愈的理論時，就會拿掉古典儒家的那種「道」，主張什麼「道」都可以裝進這種教學方法論之中，並產生具體的正面效果。你要學微積分，老師也是要傳道、授業、解惑。

不過，在這種詮釋方法之下，韓愈設想的「大道」已萎縮成一種知識技術或學術領域的「小道」，其「道」無法融貫天地人，只是在小小的學術領域耕耘。雖然可能更能貼合現實狀況，但已離韓愈的原初設想非常遠了。

之後的新時代

因此我認為，如果要談教學理論或教學方法論，不如就直接教當代學術典範即可，強行引用韓愈的想法，或許是在破壞他的觀點，因為他本人反對的很可能就是當代學術研究或教育的這一套。

依當代學術標準，韓愈就是以（邏輯上）不太健全的手法描述了某種學習框架（甚至還稱不上教學方法論），使其實用性比不上多數現存的教育或教學理論。所以〈師說〉算是個老古董，而且就算是在古代也不見得曾發揮多大作用，依然屬於古典儒家的浪漫。

若以這樣的角度來理解〈師說〉，那麼此文的價值將大幅衰減，頂多當成教師階級「自許」或「自詡」的空泛座右銘，大家就各自傳著自己相信的「道」，授著自己偏狹的業，解著自己也不見能超越的惑。〈師說〉將不再是〈師說〉，反而會是華人教師身上的業障。

這樣看來〈師說〉反而有害了，那還有必要讀〈師說〉嗎？我認為或許可以不要從這麼「功能論」的角度來看。不論你是否要當老師，或是否想學點東西，你都應該考量一個後來發生的狀況。

韓愈在〈師說〉之後，引發了一場長達數百年的古文運動。後繼者甚至放棄了他的道（滲入佛老思想的成份，像是蘇東坡），卻讓他的「文以載道」不只是種美學選擇，更成為一種道德正確。文字成為了超級載具，接下來呢？就是一發不可收拾的大鳴大放時代了。

延伸方向：讓我們比韓愈更強大

當代有許多教育學的理論，在國文教學現場的教師們遠比我更熟悉這些主張，也很清楚韓愈的說法在當代教育理論之前有多「單薄」。不過，若考量這篇文章的產出時空，韓愈的論點仍有其價值，這價值是來自「相對性」。韓愈只要比當時的其他人要好上一點點，就夠了。

所有的知識都是慢慢堆起來的，韓愈比前人多堆一點，現代教師也比前現代的教師多堆一點，大家都多堆一些，學術領域就能擴張。這正是韓愈在〈師說〉中提及的論點之一。

因此我們批評韓愈某個面向的同時，我們也可能透過自身的行動肯定韓愈的某個面向。韓愈當然無法想像之後學術世界的發展，但我們看得到，我們知道自己身在其中，我們有責任比他更強大。

傳奇中的真實：〈虬髯客傳〉

原文：隋煬帝之幸江都也，命司空楊素守西京。素驕貴，又以時亂，天下之權重望者莫我若也，奢貴自奉，禮異人臣。每公卿入言，賓客上謁，未嘗不踞床而見，令美人捧出，侍婢羅列，頗僭於上。末年益甚，無復知所負荷，有扶危持顛之心。

神展開譯文：隋煬帝下揚州，派司空楊素留守西京長安。楊素態度驕傲尊貴，又認為政局混亂，沒人的權力聲望可與自己匹敵，因此過著奢侈的生活，違反人臣應有的禮節。每次有大臣提供建言或賓客拜會，都是躺坐在床椅上接見，出來時有美女包圍，成排侍女在旁，常僭越皇上的儀節。後來他越來越誇張，早忘了自己承擔的國政責任，更沒有扶持危局的想法。

原文：一日，衛公李靖以布衣上謁，獻奇策，素亦踞見。靖前揖，曰：「天下方亂，英雄競起。公為帝室重臣，須以收羅豪傑為心，不宜踞見賓客。」素斂容而起，與語，大悅，收其策而退。

神展開譯文：某天，仍是普通人的衛國公李靖拜見楊素，提出神妙的計謀，但楊素仍是躺坐著見他。李靖於是往前一步，拱手說：「天下已開始大亂，各路英雄都出來競逐，您是重要大臣，應該全力收集人才，不應躺坐著見客。」楊素立刻收斂臉色，起身道歉，並且和李靖討論，事後非常高興，也收下他的建議。李靖也才退下。

原文：當靖之騁辯也，一妓有殊色，執紅拂，立於前，獨目靖。靖既去，而執拂者臨軒指吏，問曰：「去者處士第幾？住何處？」吏具以對。妓誦而去。

神展開譯文：當李靖在談論國政時，有位漂亮的歌伎拿著紅色拂塵站在前面，一直看著李靖。等李靖離開，這位歌伎到走廊上問接待客人的官員：「這位剛離去的才子是何人？住在哪？」官員全告訴她，那個歌伎用誦唸的方式記下來，也離開了。

原文：靖歸逆旅。其夜五更初，忽聞叩門而聲低者，靖起問焉。乃紫衣戴帽人，杖揭一囊。靖問：「誰？」曰：「妾，楊家之紅拂妓也。」靖遽延入。脫衣去帽，乃十八九佳麗人也，素面華衣而拜，靖驚答拜。曰：「妾侍楊司空久，閱天下之人多矣，無如公者。絲蘿非獨生，願託喬木，故來奔耳。」靖曰：「楊司空權重京師，如何？」曰：「彼屍居餘氣，不足畏也。諸妓知其無成，去者眾矣，彼亦不甚逐也。計之詳矣，幸無疑焉！」問其姓，曰：「張。」

神展開譯文：李靖回到了旅館。當晚五更時，他忽然聽到微弱的敲門聲，起身開門詢問，看見是一位穿著紫色衣帽，手杖上掛著一個行囊的人。李靖問：「你是誰？」這人說：「臣妾是楊素家裡那個拿紅拂的歌伎。」李靖立刻讓她進來。她脫去外罩的衣帽，是位十八、九歲的美人，她素著臉，穿著華麗的衣服，直接下拜，李靖嚇了一跳，也匆忙拜謝答禮。她說：「臣妾在楊司空家裡待了很久，看過的人很多，但沒人比得上您。菟絲女蘿這些花草無法獨自生長，要寄生於大樹之上，所以特別來投奔您。」李靖說：「楊司空是京師最有權勢的人，會怎麼處置你呢？」她說：「他像只剩一口氣的將死之人，不須害怕！我同事們知道他成不了事，很多人已經離開了，楊素也不太追查。我已估算過風險，請放心吧！」李靖問她姓什麼，她說：「姓張。」

原文：問其伯仲之次，曰：「最長。」觀其肌膚、儀狀、言詞、氣性，真天人也。靖不自意獲之，愈喜愈懼，瞬息萬慮不安，而窺戶者無停屨。數日，亦聞追訪之聲，意亦非峻，乃雄服乘馬，排闥而去，將歸太原。

神展開譯文：問她的家中排行，她說：「最大。」李靖看她的外表、儀態、談吐、氣質，真是像天仙那樣。李靖沒料到能獲得這種佳人，心中是又愛又怕，時時感到不安，頻頻走去門窗探看是否有來人。幾天後，聽說楊家正在找人，但感覺也不是非常在意，於是李靖和紅拂女都換穿男裝，騎馬推門出去，打算回去太原。

原文：行次靈石旅舍，既設床，爐中烹肉且熟；張氏以髮長委地，立梳床前。靖方刷馬，忽有一人，中形，赤髯而虬，乘蹇驢而來，投革囊於爐前，取枕欹臥，看張梳頭。靖怒甚，未決，猶刷馬。張氏熟視其面，一手握髮，一手映身搖示靖，令勿怒。急急梳頭畢，斂衽前問其姓。臥客答曰：「姓張。」對曰：「妾亦姓張，合是妹。」遽拜之。問：「第幾？」曰：「第三。」問：「妹第幾？」曰：「最長。」遂喜曰：「今日幸逢一妹。」張氏遙呼：「李郎，且來見三兄！」靖驟拜之，遂環坐。曰：「煮者何肉？」曰：「羊肉，計已熟矣。」客曰：「飢甚！」靖出市胡餅。客抽腰間匕首，切肉共食。食竟，餘肉亂切，送驢前食之，甚速。客曰：「觀李郎之行，貧士也，何以致斯異人？」曰：「靖雖貧，亦有心者焉。他人見問，固不言；兄之問，則無隱耳。」具言其由。曰：「然，則將何之？」曰：「將避地太原。」客曰：「然，吾故謂非君所能致也。」曰：「有酒乎？」靖曰：「主人西則酒肆也。」靖取酒一斗。酒既巡，客曰：「吾有少下酒物，李郎能同之乎？」靖曰：「不敢。」於是開革囊，取一人頭並心肝，卻頭囊中，以匕首切心肝共食之。曰：「此人天下負心者。銜之十年，今始獲之，吾憾釋矣。」又曰：「觀李郎儀形器宇，真丈夫也。亦知太原有異人乎？」曰：「嘗見一人，愚謂之真人。其餘，將帥而已。」曰：「何姓？」曰：「靖之同姓。」曰：「年幾？」曰：「僅二十。」曰：「今何為？」曰：「州將之子。」曰：「似矣，亦須道兄見之。李郎能致吾一見乎？」曰：「靖之友劉文靜者，與之狎，因文靜見之可也。然兄欲何為？」曰：「望氣者言太原有奇氣，使吾訪之。李郎明發，何日到太原？」靖計之日，曰：「某日當到。」曰：「達之明日方曙，候我於汾陽橋。」言訖，乘驢而去，其行若飛，回顧已失。靖與張氏且驚且喜，久之，曰：「烈士不欺人，固無畏！」促鞭而行。

神展開譯文：在路上投宿靈石的旅舍，準備好床鋪，爐中煮的肉已熟，張氏的髮長及地，站在床前梳頭。李靖正在外洗刷馬匹，忽然有一位中等身材，滿臉絡腮紅鬍的人騎著一匹老驢抵達，他將一個皮袋扔在爐子前面，拿個枕頭側臥，看張氏梳頭。李靖非常生氣，但未決定是否發作，仍刷著馬。張氏細看那人的面相，一手握著頭髮，另一手在身後向李靖示意，叫他不要發飆。張氏急忙梳完頭，整理好衣服就走向那人，請教他的姓氏。那躺著的客人說：「姓張」。張氏說：「我也姓張。論年紀算是妹妹了。」立刻伏身下拜。張氏又再問那人排行第幾。他說：「老三。」接著那人反問：「妹妹你的排行呢？」張氏說：「最大。」那人高興的說：「今天遇見大妹，真是幸運。」張氏就外喊：「李郎快來見三哥！」李靖馬上過來下拜，三個人就圍爐坐著。那虯髯客問：「你們煮什麼肉？」李靖說：「羊肉，應該已熟了。」虯髯客說：「我非常餓了。」李靖出去買餅回來。虯髯客拔出腰間佩帶的匕首切肉，三人一起分著吃了。等三人都吃飽，虯髯客把剩下的肉隨意切碎，放到驢子前給驢吃，那驢吃得很快。虯髯客說：「我看李郎的樣子，是個窮書生，是如何到這位佳人呢？」李靖說：「我雖窮，也是心有大志的人。若是別人問，我是不會說的。如今大哥問，就沒啥好隱瞞的。」於是告知事情經過。虯髯客說：「所以現在打算去哪？」李靖說：「打算在太原去躲一會。」虯髯客說：「好，我本來就不是你所能投靠的人。」虯髯客又問：「有酒嗎？」李靖說：「旅店西邊就有賣酒的。」李靖去買一斗酒，敬過一輪之後，虯髯客說：「我有一點下酒菜，李君也要來一些嗎？」李靖說：「不敢當。」於是虯髯客打開那個皮袋，拿出一顆人頭和心肝，又把人頭放回皮袋裡，拿匕首切分心肝，和李靖一起吃了。虬髯客說：「這人是最忘恩負義的人，我追殺他十年，今天才把他殺了，我終於沒有遺憾。」又說：「李君的儀態外表，真是個大丈夫。你曾聽過太原有什麼傑出之人嗎？」李靖說：「我曾碰過一位，我覺得像是道教所說的『真人』，其他人只不過是將帥之才。」虬髯客問：「姓什麼？」李靖說：「和我同姓。」虬髯客問：「幾歲？」李靖說：「現在只有二十歲。」虬髯客問：「現在做什麼官？」李靖說：「只是州將的兒子。」虬髯客說：「好像就是這人，但還需要我道兄來確認。李君能安排讓我見他一面嗎？」李靖說：「我的朋友劉文靜和他很熟，可以透過劉文靜見到他。不過，大哥想見他，是有什麼打算？」虬髯客說：「會看雲氣的人說，在太原一帶有奇特的雲氣，派我去訪查。李君明天動身前往，哪天可以到達太原？」李靖算一下日期，說：「某某日應該會到！」虬髯客說：「你到太原的第二天早上日出時在汾陽橋等我。」說完就騎驢走了，那驢子跑得飛快，一下就不見。李靖和張氏又驚又喜，過了許久才說：「英雄不會騙人，沒什麼好怕的。」他們兩人也快馬加鞭離開了。

原文：及期，入太原，候之，相見大喜，偕詣劉氏。詐謂文靜曰：「有善相者思見郎君，請迎之。」文靜素奇其人，方議論匡輔，一旦聞客有知人者，其心可知，遽致酒延焉。既而太宗至，不衫不履，裼裘而來，神氣揚揚，貌與常異。虬髯默居坐末，見之心死。飲數巡，起招靖曰：「真天子也！」靖以告劉，劉益喜，自負。既出，而虬髯曰：「吾見之，十八、九定矣，亦須道兄見之。李郎宜與一妹復入京，某日午時，訪我於馬行東酒樓下。下有此驢及一瘦驢，即我與道兄俱在其所也。」公到，即見二乘；攬衣登樓，即虬髯與一道士方對飲。見靖驚喜，召坐環飲。十數巡，曰：「樓下櫃中有錢十萬，擇一深隱處駐一妹。畢，某日，復會我於汾陽橋。」

神展開譯文：兩人在預定的日子抵達了太原，也在橋邊等到了虬髯客，三人都非常高興，一起去見劉文靜。李靖騙劉文靜說：「有會看面相的人想見李世民，代為安排一下吧！」劉文靜一直覺得李世民不是普通人物，才在討論要如何幫助他，現在聽到有會看面相的，當然很高興，立刻設酒席邀請李世民。李世民很快來了，沒穿正式衣鞋，披著皮衣，氣勢十足，看來就與常人不同。虬髯客默默坐在最遠處，見到李世民，感到意志消沉。敬了幾輪酒，虬髯客起身告訴李靖說：「這是真命天子！」李靖轉告劉文靜，劉文靜更加高興自負。離席之後，虬髯客說：「我大概可以確定八九成，但還是要讓我道兄看看。李君和大妹最好再次回西京，（不過在進京之前，）某日的午時，到太原馬行東邊酒樓的下面，若看到我的驢子和另外另一匹瘦驢，我和道兄就在裡頭。」李靖當天到了，果然看到這兩匹驢子，於是捲起衣角登樓，就看到虯髯客和一道士正在飲酒。虯髯客看到李靖非常驚喜，叫他坐下來一起喝。又敬了十幾輪，虯髯客說：「樓下的櫃子裡放了十萬銅錢，你用這錢先選個安全處藏好大妹，某某日再到汾陽橋找我。」

原文：如期至，即道士與虯髯已到矣。共謁文靜，時方弈棋，起揖而語，少焉，文靜飛書迎文皇看棋。道士對弈，虯髯與靖旁立為侍者。俄而，文皇來，精采驚人，長揖就坐，神清氣朗，滿坐風生，顧盼煒如也。道士一見慘然，下棋子曰：「此局輸矣！輸矣！於此失卻局，奇哉！救無路矣！復奚言！」罷弈請去。既出，謂虯髯曰：「此世界非公世界也，他方可圖。勉之，勿以為念！」因共入京。虯髯曰：「計李郎之程，某日方到。到之明日，可與一妹同詣某坊曲小宅。媿李郎往復相從，一妹懸然如磬，欲令新婦祗謁，略議從容，無前卻也。」言畢，吁嗟而去。

神展開譯文：李靖安頓好就準時過去，道士和虯髯客已經到了。李靖又帶他們去見劉文靜，劉文靜正在下棋，立刻起身行禮，閒聊幾句。劉文靜立刻去信請李世民來看棋。道士和文靜二人對弈，虬髯客和李靖站在一旁。不久李世民到了，氣勢驚人，長拱手為禮後入坐，看來精神飽滿清朗，談笑風生，眼神如火炬一般。道士一看面色慘白，放下棋子說：「這局輸啦！輸啦！居然是輸在這，真是奇妙啊！也救不回來了！沒啥好說的！」就棄棋局而去。等到三人出來，道士對虬髯客說：「這天下已經不是你可以爭搶的，換個地方還有點機會。就再努力吧！不要再牽掛了！」因此虬髯客又與李靖約定進西京的時間。虬髯客說：「我算你的行程，大概某某日會到。到了之後的第二天，請和大妹一起來某某街坊的寒舍坐坐。李君這段日子來回為我奔忙，大妹孤單無依無靠，我感到非常愧疚，想讓我妻子與你們見見面，討論一下事情，請不要推辭。」說完，就一路嘆息離開了。

原文：靖亦策馬遄征，俄即到京，與張氏同往，乃一小板門。叩之，有應者，拜曰：「三郎令候一娘子、李郎久矣。」延入重門，門益壯麗。奴婢三十人羅列於前，奴二十人引靖入東廳。廳之陳設，窮極珍異，巾箱妝奩冠鏡首飾之盛，非人間之物。巾妝梳櫛畢，請更衣，衣又珍奇。既畢，傳云：「三郎來！」乃虬髯者，紗帽裼裘，有龍虎之姿。相見歡然，催其妻出拜，蓋亦天人也。遂延中堂，陳設盤筵之盛，雖王公家不侔也。四人對坐，牢饌畢陳。女樂二十人，列奏於前，似從天降，非人間之曲度；食畢，行酒。而家人自西堂舁出二十床，各以錦繡帕覆之。既呈，盡去其帕，乃文簿鎖匙耳。虬髯謂曰：「盡是珍寶貨泉之數，吾之所有，悉以充贈。何者？某本欲於此世界求事，或當龍戰三二十載，建少功業。今既有主，住亦何為？太原李氏，真英主也。三五年內，即當太平。李郎以奇特之才，輔清平主，竭心盡善，必極人臣；一妹以天人之姿，蘊不世之藝，從夫之貴，榮極軒裳。非一妹不能識李郎，非李郎不能榮一妹。聖賢起陸之漸，際會如期；虎嘯風生，龍騰雲萃，固當然也。將余之贈，以奉真主，贊功業，勉之哉！此後十餘年，東南數千里外有異事，是吾得志之秋也。一妹與李郎可瀝酒相賀。」顧謂左右曰：「李郎、一妹，是汝主也。」言畢，與其妻戎裝乘馬，一奴乘馬從後，數步不見。靖據其宅，遂為豪家，得以助文皇締構之資，遂匡大業。

神展開譯文：李靖接著騎馬出發，很快到了西京，與張氏一同到了約定地點，只有一扇小木板門，敲了之後有人迎接，下拜說：「奉三郎的命令，已久候李君和大娘。」這人帶他們穿過了好幾道門，門是越來越壯麗。有三十個奴婢排列在他們面前，又有二十個奴僕帶領他們進入東廳房。廳內陳設都是珍寶，各種財貨看來都不是人世間的東西。他們兩人梳洗完，換了衣服，衣服也是非常珍貴奇異。一切準備好，就有人傳話說：「三郎到了！」

就看到虯髯客穿著紗帽皮衣，龍行虎步走了出來。三人都非常高興，虯髯客催促妻子出來會面，她也是天仙般美麗。於是請李靖他們來到中堂，中堂裡的宴會擺設，就算是王公之家也比不上。四人相對而坐，面前擺滿了酒食，有女樂手二十人在前表演，聽來像是天上的樂曲，不是人間的俗音；吃飽後敬酒，而僕人們從西堂抬出二十床東西，都是用華美的布蓋著。放好後揭去蓋住的布，原來是簿冊、鑰匙。虯髯客說：「這裡都是財寶的帳目。我所有家產全都送給你。為什麼呢？我本來想在這打天下，拼個二三十年，建立一些功業。現在已經有了真命天子，何必要再拼呢？太原李世民是真正英明的君主，三五年之內，就可平定天下。李君你可用自己奇特的才能來輔佐這清淨太平的君主，盡力求好，必定能爬上人臣中的高位；大妹有著天仙美貌，擁有無人可敵的才藝，必能隨著丈夫而榮華富貴。不是大妹這種天仙之人就無法賞識李君，不是李君的人也難以榮耀大妹。聖君興起時，將有諸多賢臣來相會，正如虎嘯則颳起大風，龍騰則祥雲匯集，這是必然的啊！將我贈送的錢用來幫助真命天子，成就其功業，就請多努力吧！十多年之後，若是聽到東南數千里外有大事，那就是我成功了。大妹和李郎可向東南灑酒祝賀。」又對奴僕說：「之後李君和大妹就是你們的主人。」說完和妻子穿軍裝上馬，只帶了一個騎馬奴僕離開，幾步之後就看不見了。李靖得到這房子，成為豪門，全力幫助李世民起兵，於是成就大業。

原文：貞觀中，靖位至僕射。東南蠻奏曰：「有海賊以千艘，積甲十萬人，入扶餘國，殺其主自立，國內已定。」靖知虯髯成功也，歸告張氏，具禮相賀，瀝酒東南祝拜之。

神展開譯文：貞觀年間，李靖官位升到僕射一職，主持國政，正好東南蠻國送來奏章說：「有海盜用千艘船、十萬人，攻下扶餘國，殺死國君自立為王，現在大勢已定。」李靖知道是虯髯客成功了，回家告訴張氏，於是擺放禮飾，向東南方灑酒祝賀。

原文：乃知真人之興，非英雄所冀，況非英雄乎？人臣之謬思亂，乃螳蜋之拒走輪耳。我皇家垂福萬葉，豈虛然哉！或曰：「衛公之兵法，半是虯髯所傳也。」

神展開譯文：我們知道真命天子的興起，就算英雄也是難以匹敵，何況不是英雄的人呢？人臣想叛亂，就像螳臂擋車。我大唐皇家有萬代福氣，怎麼可能是假的？也有人說：「李靖的兵法，半數就是虯髯客傳授給他的啊！」

道士作家

杜光庭應該是一路下來知名度最低的作者。就算我提了他的名字與代表作〈虬髯客傳〉，多數臺灣人可能還是想不起來自己曾經聽過這傢伙。他是位道士，寫過很多宗教作品，在道教發展史上有一定地位；這些資訊雖然在〈虬髯客傳〉的導讀或作者介紹中多少會提及，卻很少有學者將他的道教背景和〈虬髯客傳〉的內容連結起來，我認為這就非常可惜了，因為不清楚道教的相關內容，可能就會漏接〈虬髯客傳〉的某些意義面向。

雖然杜光庭是否「真的」「一定」「必然」是現存〈虬髯客傳〉的實際作者，仍有討論的空間，但我認為〈虬髯客傳〉包括了許多道教要素，就算不是杜光庭個人寫成，也應是道教人士的作品。

不過，杜光庭知名度低也就算了，大多數臺灣人其實也不太瞭解道教。我們通常是在喪禮中才會看到道士，甚至誤以為他們是「cosplay」，只是個普通阿伯套件道袍，看小抄唸一堆詩歌咒語，就可以撈錢（當然有些假道士確實是如此）。

現存的道教，當然與一千多年前杜光庭活躍（西元八五〇年—九三三年）的晚唐時期道教有著很大的差別。杜光庭的上清宗是「煉丹」的，但卻不是主打（你想像中那種拿個鍋不知道在煮什麼鬼的）外丹，而是「內丹」，可說是近代氣功的起源之一。

這派除了有一套修練方法論，也有充滿神怪的世界觀和宗教價值理論，這些論述也和帝國政治扯上關係：李淵在起兵（西元六一七年）之初，他們一家人曾和道士相互呼應，因為道教預言的末日救世主就是姓「李」。覺得這情節太誇張，有如小說嗎？但若認真看〈虯髯客傳〉中所描述的世界，這一切或許就沒有那麼不可理解。

有梗的驢子

我將〈虯髯客傳〉摘要如下：隋朝時，平民李靖去拜訪權臣楊素，楊素無禮，李靖就把楊素訓了一頓，楊素於是正色相待。楊素身邊的歌伎紅拂女察知李靖非凡人，於是夜奔投李，李靖就帶著姓張的紅拂女跑路回太原。到了離太原不遠的靈石，在客棧碰到了一個沒禮貌的大鬍子，也就是虯髯客，但大家都很豪爽，於是就互請酒肉，交了個朋友。李靖提及自己要去太原投奔李世民，因為李世民有帝王之相，有意爭奪天下的虯髯客就說要去參考比較一下。雙方於是約在太原見面，李靖騙好友劉文靜說虯髯客是看相的，劉因此引介虯髯客去見李世民，會面後虯髯客也覺得李世民有帝王之相，因此再回京城找了個道士來看，道士看過後亦確認李世民是真命天子，就請虯髯客另謀他路，虯髯客於是把資產都送給李靖，並遠走他鄉。李世民即位之後十年，李靖聽聞東南方扶餘國有變，知道是虯髯客完成夢想，因此舉杯遙賀。

這故事的神怪內容和破綻頗多（像扶餘國其實是在唐的東北方），所以這故事對現代人來說是沒啥說服力的，頂多就是當成奇幻小說來看。那唐末的人呢？我認為一般人對其中情節是半信半疑，但也不敢完全否定其真實性；而道教中人或許會把這故事當成神蹟來看。這之間的差異，須要慢慢說明。

先來看行文的結構。作者的描述並非一開始就脫離現實，在楊素與紅拂女相會的部分，基本上還算是隋唐社會可能發生的事件，差別之處大概就是出場角色都過度豪爽：平民李靖敢吐槽權臣楊素和收留紅拂女，楊素被吐槽居然立刻改正並爽快放棄找回紅拂女，而紅拂女看到李靖嘴砲就願意冒險投奔，這些人都過度大膽且勇於承擔風險，這種人格特質不論古今都相對罕見，但卻是武俠小說常見的人物設定，這也是金庸因此將〈虯髯客傳〉視為武俠小說先驅的原因之一。

就算主角全是這種英雄人格，也不會讓這個故事成為宗教文本。真正的轉折是個挑戰禁忌的橋段，但不是虯髯客大方看紅拂女梳頭的部分；依唐人開放的兩性互動風格，虯髯客又是個胡人（他是紅毛大鬍子），這種動作還不至於會挑動禁忌。

我認為真正有梗的，是這一段：「客抽腰間匕首，切肉共食。食竟，餘肉亂切送驢前食之，甚速。」

虬髯客把吃剩的羊肉拿去餵驢，那驢吃得很快。一般驢子是不會吃肉的，顯然這頭不是普通驢，可能是妖怪。驢子一直是道教人士的重要座騎，活躍期大約在盛唐的道士（或仙人）張果老就是騎驢的，但他的驢是變出來的妖物，並非真驢。

因此這吃肉的驢一出來，就代表虬髯客是道教中人，整個故事也因「神異介入」而急轉直下，從只有虬髯客腦子不正常，變成所有人都腦子不正常：「於是開草囊，取一人頭並心肝。卻頭囊中，以匕首切心肝，共食之。」

三個主角都生吃人肉，其中兩個很可能是第一次吃，卻吃得非常自然。雖然吃人肉在古中國不是多特別的事，作者杜光庭所處的唐末戰亂期，更是大吃特吃，但故事背景是隋朝陷入戰亂之前的時期，初見面者居然二話不說，人肉拿來就嗑，甚至當成下酒菜（不是吃飽，是吃爽的），那就真的超凡入聖，非人境界了。

宗教背書的道德正當性

故事也從這裡變成道教的傳說或寓言。這些主角熱衷證明李世民的真命天子地位，先是李靖個人保證，接著是虬髯客本人認證，然後虬髯客又從京城（大興，即後來的長安）找來一個高階道士來強力認證。就這部分來看，這篇故事的目的，是要從宗教理論面肯定李世民與唐朝的道德（宗教）合理性，這對於道教和帝國政府來說是雙贏的。

真命天子的說法並非杜光庭的創見，李氏真命天子或救世主的概念在道教前期就存在了。道教的理論主要來自於「道家」經典，而老子姓李，因此道教自然會「尊李」；不過道教具體教團的原型，是由東漢張氏（可注意虬髯客與紅拂女都姓張）家族所創發並傳承的，這個家族有個三國人物叫張魯，算是有點名氣。

這教團在日後分化成諸多派別，雖然講求修練，但也保有軍事能量，從許多經典中可以看出他們長期抱持著「末世論」或末日主張，並認為信徒應該發動革命，也相信會有救世主帶領信徒來拯救世人，而這救世主就剛好是「木子」「李」。

或許是歪打正著，也可能是刻意創造預言，反正在李淵起兵之時，道教團體就和他掛上線，進行救世主「資格認證」，這也讓唐帝國在建國之初就認定道教為國教。當然，李世民因為發動玄武門之變（西元六二六年），這皇帝位子坐起來總是有道德正當性的問題，因此他也搞出許多相關的論述，〈虬髯客傳〉或許也可以被視為是這種企圖的具現。

但是，我認為杜光庭追求的是更大規格的道德正當性。他追求的已不是李世民或建構唐朝的道德正當性，而是在唐朝將亡或已亡（唐滅亡時他五十七歲，〈虬髯客傳〉則無法確定成文年代）的狀況下，持續表達對盛唐的追思與肯定；畢竟他也算是唐僖宗的「國師」，講點好話是應該的。但後來在王建的蜀國，他還是繼續當國師就是了。

高風險的信任

〈虬髯客傳〉對於現代人和古人的意義有明顯的差別。對現代人來說，〈虬髯客傳〉雖然有神怪成分，卻是我們認識隋唐人物風情的窗口，也可以接觸到早期的武俠小說的技法。不過對當時的道教中人來講，故事中一切誇張與玄妙的情結，都是可能被當真看待的（因為合於其理論），也正是因為「當真了」，所以其道德正當性才能成立。

但這是建立在宗教信仰的前提之上。現代人並未處在道教氛圍中，不但難以理解這些宗教意義，甚至這種內容出現在國家規範的高中教育之中，還可能引起「政教分立」、「信仰自由」的政治哲學與憲政爭議。西方國家也會爭論是否該在中學教育體系納入基督教經典或新舊約故事，而解決之道似乎是「不講授其宗教意涵，只談其道德價值與美學價值（文學技巧）」。

不過〈虯髯客傳〉傳達的道德價值很簡單，就是信任與信用（記得我們在〈出師表〉也談過嗎？）。故事角色都是一言九鼎，說到做到；但依當代倫理學的主流理論，這種「義氣」、「狂信」並不適合普羅大眾，只有主角這些半人半神或半仙半妖的怪物才有辦法做到，因為他們好像不會死，或是死了也沒差。一般人無法承擔這種「剛認識一個人就完全相信他」的風險，而且客觀來講，這種信任其實是道德錯誤。

所以〈虯髯客傳〉的道德價值不高。至於美學價值呢？這涉及文學理論部分，許多學者已認定〈虯髯客傳〉有其文學價值，在文學史上有其一定地位，也基於這點將此文選入課綱之中。原則上我對於他們的主張並沒有異議。

道教的要素

不過，我最後還是要來談一些個人的發想，一半可能是美學的，另一半則是偏向綜合的考量。我認為類似〈虯髯客傳〉的俠義故事在當時應該不少，現在知名度較高者，應該是被翻拍成電影的〈聶隱娘傳〉，這故事的完成時間可能還比〈虯髯客傳〉略早幾年，但〈聶隱娘傳〉的情節豐富程度與超現實感都高出〈虯髯客傳〉許多。那為什麼不將〈聶隱娘傳〉列入必選古文？因為太神鬼了嗎？

知名度較高的同時代作品，還有提到「黃粱一夢」的〈枕中記〉與類似結構的〈南柯太守傳〉，這兩篇因為涉及真實與幻境的穿越（想起〈桃花源記〉了嗎？），也探問了生命的意義，其哲學價值更高，現今學院中的知識論課程，有時還會特別引用這些故事和西方寓言做為對照。若要從理論價值來考量，這兩篇或許也都比〈虯髯客傳〉更值得參考。那為何不選？因為這兩篇都太悲觀了嗎？

對了，〈枕中記〉與〈南柯太守傳〉這兩個故事也都有道教的要素。在提示道教的重要性之後，你再去接觸各種唐代傳奇時，就會發現道教可說是無所不在，甚至是故事最重要的「觸媒」「催化劑」。〈枕中記〉與〈南柯太守傳〉這類「志怪」小說有來自東漢六朝的道教要素，而這一傳統又上承春秋戰國以來的陰陽家與方士資源，所以這些要素或許不是特地置入的。它們就是理應出現，也自然會出現。

而在〈枕中記〉與〈南柯太守傳〉誕生的百年之後，就是〈聶隱娘傳〉與〈虯髯客傳〉

的時代。神怪部分仍在，卻多了大量的暴力情節與帝王將相內容。這可能是因為唐帝國由盛轉衰，戰亂變多，「俠義」小說也就漸漸受到歡迎。

唐人用道教要素，讓神力英雄成為可能，我們現在則是用平行宇宙概念來掰出一個很像地球，但不是我們這個地球的漫威宇宙。那我們真會比一千年前的人更務實和科學嗎？我們是否在現實世界中經常「閃神」，誤認將有英雄救世，或幻想自己擁有神力呢？〈虯髯客傳〉在一千年前是個重要的創發，而今天的我們，是否還是只能活在這位大鬍子的陰影之下，無法找到出路呢？

或許是換一種文體來觀察的時候了。

延伸方向：相信就相信吧

我認為某些對於道教政治或社會觀的研究，會比道教文學的研究更能觸及唐代傳奇的核心精神，可惜對於一般人來講，這類文獻的訊息量太大，可能無法消化。

因此，對於學術文字有理解困難的人，還是可以由傳奇本身入手，直接由故事來認識那個時代，並透過關鍵字來尋找輔助資料。像「李靖」，你讀過〈虯髯客傳〉後再去看史料，鐵定會非常震驚。至於有什麼好驚，我就不破梗了。

不過請記得，受過現代教育的人常會認為「相信」必須建構在「理性說服」之上，但在那個時代，不論是創作者或讀者，他們常是將「理性說服」建構在「相信」之上。你不隨著他們一起信，你就掌握不到他們的樂趣與意義。就放輕鬆點，別太理性，別太認真。

挑戰新的美感體驗：

〈赤壁賦〉

原文：壬戌之秋，七月既望，蘇子與客泛舟遊於赤壁之下。清風徐來，水波不興。舉酒屬客，誦明月之詩，歌窈窕之章。少焉，月出於東山之上，徘徊於斗牛之間。白露橫江，水光接天。縱一葦之所如，凌萬頃之茫然。浩浩乎如馮虛御風，而不知其所止；飄飄乎如遺世獨立，羽化而登仙。

神展開譯文：壬戌年秋天七月十六日，我與客人在赤壁旁的江面駕舟遊覽。涼風緩緩吹來，水面無波。我對客人敬酒，朗誦詩經〈明月〉〈窈窕〉篇章。過一陣子，月亮從東山升起，在斗宿星和牛宿星之間緩緩移動。白霧遮蓋江面，水面反光像是接著天際線。任憑葦葉小舟漂流，越過白茫茫的江面。這景色是如此壯大，船像在駕風飛行，不知會停在何處；讓人心飄乎像是超脫俗世，消化形體變為神仙。

原文：於是飲酒樂甚，扣舷而歌之。歌曰：「桂棹兮蘭槳，擊空明兮溯流光；渺渺兮予懷，望美人兮天一方。」客有吹洞簫者，倚歌而和之。其聲嗚嗚然，如怨如慕，如泣如訴；餘音嫋嫋，不絕如縷，舞幽壑之潛蛟，泣孤舟之嫠婦。

神展開譯文：酒喝得爽快，就敲著船舷唱歌。歌詞是：「桂木船棹啊蘭木槳，拍打水中的月光啊逆流而上，我情緒是如此飄渺啊，想著美人啊，她卻在遙遠的另一方！」一位吹洞簫的客人配合歌聲吹奏，簫聲嗚嗚低鳴，像哀怨、像愛慕、像哭泣、像傾訴，尾音婉轉不斷，像絲線般纏繞，讓深淵的蛟龍起舞，讓孤舟的寡婦哭泣。

原文：蘇子愀然，正襟危坐，而問客曰：「何為其然也？」客曰：「『月明星稀，烏鵲南飛』，此非曹孟德之詩乎？西望夏口，東望武昌，山川相繆，鬱乎蒼蒼，此非孟德之困于周郎者乎？方其破荊州，下江陵，順流而東也，舳艫千里，旌旗蔽空，釃酒臨江，橫槊賦詩，固一世之雄也，而今安在哉？況吾與子漁樵于江渚之上，侶魚蝦而友麋鹿，駕一葉之扁舟，舉匏樽以相屬，寄蜉蝣於天地，渺滄海之一粟，哀吾生之須臾，羨長江之無窮，挾飛仙以遨遊，抱明月而長終。知不可乎驟得，托遺響於悲風。

神展開譯文：我心情凝重，整理衣服坐直，請教客人說：「為何簫聲如此？」客人說：「『月明星稀，烏鵲南飛』，這不正是曹操的詩嗎？從西邊的夏口，到東邊的武昌，山水相交處草木濃密，這不正是曹操被周瑜困住的地方嗎？當他攻下荊州，直逼江陵，順著江水東下，戰船連結千里，戰旗遮蔽天空，在江邊飲酒，橫放大槊來吟詩，真是當時的英雄啊，可是如今在哪裡呢？我和您在江中小島捕魚砍柴，身邊只有魚蝦麋鹿，駕著一艘小舟，舉著酒壺敬酒，像蜉蝣求生於天地之間，像大海中的一粒粟米那樣渺小，感嘆生命的短暫，羨慕長江的無窮盡，真想隨著飛仙四處遨遊，抱著明月而長眠。我知道這些不可能馬上做到，只能把遺憾寄託於樂曲之中。」

原文：蘇子曰：「客亦知夫水與月乎？逝者如斯，而未嘗往也；盈虛者如彼，而卒莫消長也。蓋將自其變者而觀之，則天地曾不能以一瞬；自其不變者而觀之，則物與我皆無盡也，而又何羨乎？且夫天地之間，物各有主，苟非吾之所有，雖一毫而莫取，惟江上之清風，與山間之明月，耳得之而為聲，目遇之而成色；取之無禁，用之不竭。是造物者之無盡藏也，而吾與子之所共適。」

神展開譯文：我說：「您也清楚水與月的變化嗎？就像河水總是不斷流逝，但大江依舊在；月亮有盈缺，但不會真的增加或減少。如果從變化的角度去看，天地之間沒有一瞬是相同的；若從不變的角度去看，萬物和我們本身都是無窮盡的，又何必羨慕他者呢？天地之間萬物各有其主，若不是我應得的，就算只有一點也不可取用，只有江上的清風，和山裡的明月，用耳朵聽就是樂聲，用眼睛看就是美景。這些都是無人禁止取用，又享用不盡的。這是造物者留下的無盡寶藏，也是我和您共同享用的啊。」

原文：客喜而笑，洗盞更酌。肴核既盡，杯盤狼藉，相與枕藉乎舟中，不知東方之既白。

神展開譯文：客人高興得笑了，洗了酒杯再喝。這時菜餚水果已經吃完，杯盤散亂。主客在船上互相枕著睡了，不知東方已經泛白。

文字的強度

「遊艇趴」。

看到這三個字，你腦海會浮現什麼景象？多金企業主載著滿船的美酒和比基尼辣妹，搭配著「董資董資」的 BGM，快樂出航囉！

是這樣嗎？我想多數人心中的「遊艇趴」大概就是這樣子。

但這是本探討古文的書，那我要探討的，當然是古人的遊艇趴了。蘇東坡的代表作〈赤壁賦〉所描述的事件，正是近千年前的長江遊艇趴。這船上有權貴、有音樂、有酒水，或許沒有比基尼辣妹，但爽度應該不下今日的遊艇趴，同樣是嗨到天亮，大家全都趴。

那麼，為什麼看到「遊艇趴」這三個字，你不會聯想到〈赤壁賦〉呢？或者把問題反過來看，為什麼大多數人在看〈赤壁賦〉的時候，並沒有意識到這是一個「深外冶遊」（深夜在外遊樂）事件呢？

這可能是因為蘇東坡的筆力驚人，他將這個充滿幻覺的追酒尋茫之旅炒作成文青朝聖路線，就算過了快一千年，在「旅遊部落客界」也少有能和他一較高下的文案寫手。

他到底是強在哪裡？我認為相對於之前討論過的古文，〈赤壁賦〉的文字技巧更為深厚，使得其下真意更難拆解，但若努力挖掘，應該還是可以找到一些有趣的主題。我想本章的問題意識就集中在這問題好了：蘇東坡這黃州團練副使，是比較像當代的玩命屁孩，或是炫富貴公子呢？

老蘇很敢玩

我對〈赤壁賦〉的摘要如下：秋天和客人在赤壁附近的江面玩，天氣不錯，唱歌喝酒很爽。客人吹蕭助興，曲音幽怨，大概是覺得曹操過去很勇猛，現在一切也都過去了，又想起自己生命的局限，心中感嘆悲涼。我於是勸客人說，萬物流轉不止，就多把握眼前美好的大自然吧。兩人因此狂喝一晚，直到天明。

我的這種摘要方法，不免讓此次出遊變得一整個「廢」。但這樣對老蘇並不公平，因為文學作品硬翻成白話文，本來就很容易讓其美學光環折損殆盡。我還是來補充一下他當時的個人情境，讓〈赤壁賦〉以另一種方式變得更立體。

蘇東坡是西元一〇三七年生，西元一〇五七年中舉，西元一〇七九年發生「烏臺詩案」，因大不敬差點被斬掉，西元一〇八〇年改貶黃州，直到西元一〇八四年才離開。又稱〈前赤壁賦〉的〈赤壁賦〉大約就是在西元一〇八二的秋天寫成，接著他至少在冬初又去一次，這次寫出了〈後赤壁賦〉。

此外，他還有一首非常知名的詞〈念奴嬌・赤壁懷古〉，有提到「亂石崩雲，驚濤裂岸，捲起千堆雪」，水勢非常激躍，而〈赤壁賦〉所描述的水勢是「水波不興」，所以〈念奴嬌・赤壁懷古〉應該是春夏之際水勢較旺時的旅遊經歷。這代表什麼呢？

這代表他很常去。

因為黃州赤壁就在他工作地不遠處，他可能是閒閒沒事或有客人來就帶隊殺去，遊程都是類似的吃吃喝喝，只是不見得每次都有文章產出，他只記錄幾次的「超自然感應」。

他去赤壁雖然看似不是參團或依照船家安排的套裝行程，但基本上就是去景點吃飯、喝酒、唱歌、哭笑，然後所有人喝到「斷片」（失去記憶）。就行程安排來看，這不就是當代的「遊艇趴」嗎？

一路喝到掛的這種事，雖然現在從多金企業主到大學生都常幹，但四十幾歲的政府官員還這樣幹，還是曾被推薦當諫官（道德糾察隊）的官員這樣幹，還是被貶謫的官員這樣幹，還是差點被斬掉的官員這樣幹，還自己寫成文章廣傳，會不會有點高風險呢？

但是，蘇軾沒有因這些文章出事，反而靠這些文章強化一代文豪的地位。這裡面應該有些表面意義之外的理路轉折，讓想打槍他的人按兵不動，也讓其他讀者激賞。〈赤壁賦〉的原始文件（也就是蘇東坡本尊寫的那個版本）一路保留到今日，就其狀態來看，算是相對工整（至少比〈念奴嬌・赤壁懷古〉的超嗨狀態要工整），應該不是遊艇趴現場或是酒醒之後幾小時內立刻寫成。就算有當場的草稿，現有版本也應該是回魂得差不多，身心狀況都很OK了，才陸續完成的作品。

這代表此文有可能是「裝茫」之言，是在清醒狀態下用隱喻的方式談理念。我也懷疑船上是否真有類似對話存在，因為醉酒之人對於交談內容不可能記得那麼清楚。因此我們就不用糾結在文字傳達了什麼「事實」，而是思考蘇東坡到底想透過這篇文章show些什麼。

爛命一條

我要從江上出遊的安全問題來切入。現在去參加搭船旅程，都知道這種旅行最制式化的部分大概就是安全防護了。除了參加者都要接受簡單的逃生講習，甚至會要求全程穿上救生衣，規定大家要排排坐好，不可隨意走動。之所以搞成這樣，當然就是因為「安全第一」這四個字。

相對來講，你也就知道古代的遊河行程的風險有多高（民間傳說李白就是這樣掛掉的。就算非事實，你也知道這是很現實的風險），不但無法有近代水準的安全防護或逃生設備，船體也相對狹小，易不慎跌落，或是其結構不佳可能翻船或碰撞後就解體。而且蘇東坡和他的客人還在船上喝酒，除了平衡感更差，若要嘔吐或小解，大概也只能在船邊解決，這都會大幅增加安全風險。

古人的泳技普遍不如現代人，落水基本上就是掛定了。因此不只是搭船出遊，如非必要，古人通常是不太願意渡江的，因為風險也很高。若真要搭船出遊，那也多半是在相對平靜的湖泊中。

那為什麼「蘇東坡們」還是搭船出去拚酒呢？我認為這和現代人飆車或從事極限運動的心態差不多，就是透過這類高風險活動來凸顯自己的氣魄與眾不同。蘇東坡在當時動不動就「出船看赤壁」，或許也像現今四處狂飆車族的「小試車」、「夜遊燈河」、「走環東」一樣，價值表態的意味濃厚。

當古人看到蘇東坡的〈赤壁賦〉時，應該會先想到安全性的問題，然後感嘆老蘇膽子真大，「居然這麼敢玩」（其實〈後赤壁賦〉那次玩更大，大家可以去找來看看）。雖然老蘇有交代當時水況是「水波不興」（但別了忘〈念奴嬌〉的驚濤裂岸），但他們的船體應該不大，又是從白天一路玩（喝）掉整個晚上，風險依然是很高的。

若是納入這種價值考量，〈赤壁賦〉就會傳出不同的味道。過往的學界多半認為蘇軾在此之後轉入儒釋道三教合一的立場，對人世紛擾有更豁達的體會與觀察；但若納入上述風險考量，那他除了講道理之外，更展示了「超脫生死」，甚至是「老子愛玩到不怕死」的態度。

這樣他大方展示自己在黃州鬼混過程的理由，就不難推敲了：反正隨時會死，爛命一條，還怕你朝中貴人下毒手嗎？

炫富人生？

不過上述推測也會引來一種質疑，就是這種「赤壁一夜遊」可能已是固定出團，參加者也多，安全性較高。如果是「定型化旅遊」，就會變成單純的「炫富」，那又會有另外一番推理了。

這個黃州團練副使（很難類比成當代職缺，應該和縣市後備指揮部副指揮官差不多吧）的薪水不高，也有些他當時過得相對清苦的記載。但畢竟他是知名文人，以他還可以自力蓋新房的狀況來推估，其經濟狀況至少比起一般農夫要好上許多。

所以他算是滿敢花錢的。雖然赤壁行的相關文字並未提及，不過我推斷「蘇家軍」單次出遊，應該是會租用兩艘船以上，一艘是後勤人員用，一艘是他們實際搭乘與聚會宴樂用。因為要玩整個晚上，鐵定需要不少工作人員，從可換班的船夫、餐食酒飲的準備者，還有每個客人「隨身攜帶」的侍從或親屬，出一趟船可能會有多達十人以上的規模。

要他本人「駕船」顯然是不可能的任務。在小湖中行船也就算了，去赤壁可是在長江上移動，而且就〈後赤壁賦〉的內容來說，他還一下靠岸，一下又夜航至河中央，在缺乏科學航行技術的古代要進行這種程度的操舟，只能依賴熟練船家的經驗。

這種遊程需要專業分工，也就會是錢砸出來的。蘇東坡雖然自認為混得差，但這遊程也透露出他仍有點經濟實力，至少很敢花。

三教合一與創作者的美感體驗

因此，老蘇若不是在玩命，就是在炫富，或是兩者都有。愛玩命不見得真是不怕死，炫富也不代表真的富，但他這樣玩，不管你要往那個方向解讀，都代表他和之前的文人抱持不同的價值觀，他也成功透過文字推銷了這種價值觀。

這和陶淵明的道家式幻覺不同，也和韓愈的儒家式正氣不同，蘇東坡就是「爽」，各種爽，還不只自己爽，更帶著兄弟一起爽。而且這種帶著腐爛氣息的爽，還是搭配大道理面世的。前面提過，〈赤壁賦〉也被學界認為是蘇東坡走向儒釋道三教合一的代表作品。

但我認為蘇東坡的這種放蕩並非正統道家的風格；而他的無所事事的官學生活，只怕韓愈也會搖頭。他的這套說法也不是什麼佛門正宗，他還有很多執著放不下。所以他就是樣樣通、樣樣鬆。

不過我認為他陷入這窘境，屬非戰之罪。從唐代開始，就有許多思想家投入儒釋道的整合，但三教的形上學理論與價值觀存在諸多根本矛盾，也造成這三者無法真正融通。如果硬要整合，勢必要有相當程度的取捨，而若去思考這些取捨的背後理由，就會發現其中的限制。

像在〈赤壁賦〉中，客人提出的問題是人生的渺小短促，但道家理論難以在實際人生中解決這個問題。蘇東坡則主張不要貪求永恆，應該融入眼前的美感體驗，就可以避去人間的爭奪、獨佔之心。這乍看是偏向道家的說法，也有淡淡的佛學意味，但顯然離佛學真正放下我執，諸法皆空的基本主張仍有一段距離。那為什麼蘇軾會追不上這段距離？我認為這是因為他作為寫情寫景的文學創作者，很難真正放棄美感體驗。

新的消費美學

若用當代名詞來形容，那蘇東坡就是某種「儒釋道自助餐」，寫〈刑賞忠厚之至論〉時是「儒」到不行，寫遊記則有點「道」味和「佛」味，但理論面缺乏一貫的系統。所以離開文學，蘇東坡論點的價值就沒那麼高嗎？也不能這樣斷言。他無法通過傳統儒、釋、道的檢驗，但他可能開創了某種新的價值形式，一種對應北宋全盛時期經濟發展的價值觀。

當時沒有魏晉的戰亂，也不是中唐藩鎮交迫的格局，就是政治穩定，社會高度分工，經濟發展快速的時代。這種時代會產生非常強大的消費力道，但當時缺乏一種價值理論可以證成這種消費行為，因此這類的消費行為（不管是冒險的「迌迌人」或炫富）原本可能是上不了台面的。

不過至少就結果面看來。蘇東坡成功將這種消費美化為士人的可行選擇，因此〈赤壁賦〉不只有其本身的美學價值，更在相當程度上把這類遊程的「道德不正確」建構成冠冕堂皇的新價值觀；從此之後士子都可以大大方方去報團，甚至不去參團，那就不夠「飄撇」。

很多學者認為宋朝被程朱「理學」逼得喘不過氣，但蘇軾顯然創造了一條更受歡迎的路線。有趣的是，比對後續的高中古文，當代的選文者似乎也決定走向這條路線。

延伸方向：一個字一個字讀出自己的價值

〈赤壁賦〉是有真跡傳世的，當然要給他怒看一波。對於我所提到或未提到的相關文本，若還有真跡傳世，那也應該看看，甚至是細看，一個字一個字看，同時思考這人在寫這字的時候，到底是在想些什麼。

真跡可能有假，你「望文生義」也可能離作者原意有一段距離，但這是重要的推理練習，甚至可說是「反省過程」。許多人說蘇軾去的不是真的赤壁，但人家還是透過反省而有價值產出，而且是足以改變華人文明發展路線的價值產出。赤壁之戰的真實地點與真實過程是一回事，自有其價值；而創作者們品味事件，也能產出價值；我們再去思考這一切，同樣會有價值。

我喜愛自助旅行，所以我在文字之間看見的是「旅行之難」。你會看見什麼呢？這只有你才知道。人都會讀到對自己獨有意義的部分，就算一時看不見，只要細看，就有機會創造出些什麼。就一個字一個字看吧。

〈凝視過去的自己：項脊軒志〉

原文：項脊軒，舊南閣子也。室僅方丈，可容一人居。百年老屋，塵泥滲漉，雨澤下注，每移案，顧視無可置者。又北向，不能得日；日過午已昏。余稍為修葺，使不上漏。前闢四窗，垣牆周庭，以當南日。日影反照，室始洞然。又雜植蘭、桂、竹、木於庭，舊時欄楯，亦遂增勝。借書滿架，偃仰嘯歌，冥然兀坐，萬籟有聲。而庭階寂寂，小鳥時來啄食，人至不去。三五之夜，明月半牆，桂影斑駁，風移影動，珊珊可愛。

神展開譯文：項脊軒是過去的南閣子。室內只有一丈見方，可以住一個人。它是有百年歷史的老屋，灰塵泥土常掉下來，雨大一點就會漏水，每次都因此把桌子搬來搬去，但找了半天也沒有可以放的地方。屋門朝北，所以沒有陽光，下午以後就很暗。我稍微整修，至少使屋頂不漏雨、掉東西。又開了四扇窗戶，在四周砌了圍牆來反射南方的日光，屋內才比較亮。我又在庭院種了蘭花、桂花、竹子、樹木，舊日的欄杆處也就增添了新景色。借來的書籍堆滿書架，我常隨意躺臥高歌，又或是沉思靜座，聽大自然的聲響。而門前階梯通常無人，小鳥不時飛來啄食，就算人來了也不離去。到了月中的晚上，月光照映半面牆，桂花的樹影清晰可見，風吹來時影子擺動，如少女身姿般可愛。

原文：然余居於此，多可喜，亦多可悲。先是，庭中通南北為一，迨諸父異爨，內外多置小門牆，往往而是。東犬西吠，客踰庖而宴，雞棲於廳。庭中始為籬，已為牆，凡再變矣。家有老嫗，嘗居於此。嫗，先大母婢也，乳二世，先妣撫之甚厚。室西連於中閨，先妣嘗一至。嫗每謂余曰：「某所，而母立於茲。」嫗又曰：「汝姊在吾懷，呱呱而泣；娘以指扣門扉曰：『兒寒乎？欲食乎？』吾從板外相為應答。」語未畢，余泣，嫗亦泣。

神展開譯文：我住在這裡，雖然快樂的時候很多，卻也有不少悲傷的回憶。之前院子是南北相通，到父執輩分家，就安置了許多小門牆，四面都有。東家的狗對著西家叫，客人還得越過廚房用餐，雞住在廳堂之中。庭院一開始是用籬笆隔開，後來又築起隔牆，改建過兩次。家裡有位老太太，曾居住在這裡。這位老太太，是過世祖母的婢女，在我家當過兩代人的奶媽，母親對這位老太太非常照顧。閣子的西側連著母親房間，母親在世時也曾來過。老太太常對我說：「你母親站過這裡。」老太太又說：「以前我抱著你姊姊，她一直哭，你母親就用手指敲著房門說：『孩子會冷嗎？想吃東西嗎？』我就隔著門板回答。」老太太的話沒說完，我就哭了，老太太也哭了起來。

原文：余自束髮讀書軒中，一日，大母過余曰：「吾兒，久不見若影，何竟日默默在此，大類女郎也？」比去，以手闔門，自語曰：「吾家讀書久不效，兒之成，則可待乎！」頃之，持一象笏至，曰：「此吾祖太常公宣德間執此以朝，他日汝當用之。」瞻顧遺跡，如在昨日，令人長號不自禁。軒東故嘗為廚，人往，從軒前過。余扃牖而居，久之，能以足音辨人。軒凡四遭火，得不焚，殆有神護者。

神展開譯文：我十五歲起就在軒中讀書。有天祖母來看我，說：「孩子，好久沒看到你，為什麼每天都默默地關這裡，太像個女孩子了！」離去時她用手關上軒門，自言自語說：「我們家人一直沒有取得功名，這孩子可以期待啊！」過一會，她拿了一塊象牙笏回來，說：「這是我祖父太常公在宣德年間拿著去朝見皇帝用的，某天你會用到它啊。」看到這些場景，這些事好像昨天才發生，忍不住連聲悲嘆。項脊軒東邊以前曾是廚房，要去廚房的人，會從軒前經過。我在裡頭雖是關閉門窗，但時間久了也能從腳步聲辨別是誰經過。項脊軒共四次遭到火災，能不被燒掉，或許是有神靈保護吧！

原文：項脊生曰：「蜀清守丹穴，利甲天下，其後秦皇帝築女懷清臺。劉玄德與曹操爭天下，諸葛孔明起隴中。方二人之昧昧于一隅也，世何足以知之？余區區處敗屋中，方揚眉瞬目，謂有奇景。人知之者，其謂與埳井之蛙何異！」

神展開譯文：項脊生說：「當年巴蜀寡婦清固守朱砂礦的開採，是天下賺最多錢的人，之後秦始皇還為她蓋了女懷清台；劉備與曹操相爭天下，諸葛亮因此從田裡出來創造偉業。當這兩人還默默無聞時，世人又靠什麼了解他們呢？我住在破屋中，還眉飛色舞，說是奇特的景色。別人知道了，會說我與井底之蛙沒有差別吧！」

原文：余既為此志，後五年，吾妻來歸，時至軒中，從余問古事，或憑几學書。吾妻歸寧，述諸小妹語曰：「聞姊家有閤子，且何謂閤子也？」其後六年，吾妻死，室壞不修。其後二年，余久臥病無聊，乃使人復葺南閤子，其制稍異於前。然自後余多在外，不常居。庭有枇杷樹，吾妻死之年所手植也；今已亭亭如蓋矣。

神展開譯文：我寫了前頭的文字後，過了五年，我的妻子嫁過來，她時常到軒中，問我一些古事，或靠著桌子學寫字。妻子回娘家，說她的妹妹們問：「聽說姊姊夫家有閣子，那什麼叫閤子呢？」又過了六年，我妻子去世，項脊軒壞了也不修了。之後兩年我臥病許久，覺得無聊，於是派人修好南閤子，那建築也因此和以前略有不同。然而之後我在外地，也就更不常住了。庭中有棵枇杷樹，是我妻子在過世那年種的，現在已像把大傘那樣茂盛了。

與回憶對話

成人後，若有機會遇見十七歲的你，你想對他說些什麼？

你二十五歲時想說的，或許和三十歲不同，三十歲又和四十歲不同。就算只有十八歲，若看到十七歲的自己，也會有一番感慨吧！有些人甚至會「哲學地」認為，即便是對前一天、前一小時、前一分鐘的自己，也都有一些話可說，因為只要現在這秒過去，自己就變成不同的人了。

人在短時間內可能有很大的變化，類似「砍掉重練」，但人生不可能真的砍掉重練，通常只是在認知面上否定過去的自我，而非有實質的不同。人有發展的脈絡性，不論是精神面或肉體面，我們都是從過去的自我一路延伸而來。

也因為這種脈絡性，我們總能對過去的自己有獨特的詮釋或體會。厭世一點的，就說「人生總是不斷在後悔」；持正面角度的，會說那是「過去美好的黃金時代」。

若真有機會面對十七歲的自己，我想多數人會對「他」提及一些可能改變人生發展的資訊，「可量化的」大概就是樂透號碼；不可量化的，應該是將會愛上什麼人，或是之後會卡在什麼困境中糾纏不清。但這些主題都太過務實，甚至是現實。我們是否能有更好的表達方式呢？或者說，我們為何要思考這樣的問題呢？

人當然不可能真和過往的自己對話，我們頂多是和自己的回憶對話；但這過程能產出新的意義，讓我們能找到自己真正重視的東西。歸有光的〈項脊軒志〉就是這樣的嘗試，他透過面對十七歲的自己，細細品味了那些表面不痛，卻能痛穿表面的情感。

失望的開始

歸有光是明朝中葉的文人，一生沒有什麼亮點。他十八歲過了童子試，但之後考運不順，結婚後也沒像樣工作，直到第一任老婆死了，才在三十五歲中舉，再換了個地方教書，慢慢獲得了一些名聲。就這樣教了很久，快六十歲考上進士，當個小縣官；又花幾年熬到升上去，卻第二年就死掉了。

為了避免史料偏見，我又多找了幾篇研究歸有光的當代論文，發現這個人還真的是沒什麼值得一提的豐功偉業。雖然他以古文聞名，卻也沒寫出驚天地泣鬼神的作品。比起之前討論過的古文大家，歸有光最大的困境或許是「比較晚出生」，所以好梗都被用完了，只能寫些個人觀點和體驗。

在他的諸多作品中，為什麼會選這篇〈項脊軒志〉當高中生課文呢？他大多數的作品是經典議論，〈項脊軒志〉卻是清新小品。我認為要找到答案，需要從「年齡」入手。

歸有光活了六十幾歲，但〈項脊軒志〉的前半是十七歲完成的，後記則是三十歲以後的補述，依文末枇杷樹的生長狀況，最可能是在三十五歲左右，他中舉、再婚、決定搬家之前寫成。

在選錄名家作品時，通常會選成熟期的代表作，會選十七歲時期的作品，應有特殊理由。在其文集《震川集》中，甚至還收錄歸有光十歲的作品〈乞醯〉（或名為〈乞醯論〉）。據傳他九歲就能寫文章，但十歲寫的〈乞醯〉，可不是那種「我昨天和小明出去玩，然後他就爆炸了。」之類的童年戲語，而是超過千字的論說長文。

就內容來說，〈乞醯〉是把《論語》的「微生借醋事件」（醯就是醋，吃的那種醋）放大一百倍來探討，推論過程繞來繞去，多在堆疊語句，沒啥值得一談的思想成果，技法上也沒特別之處。那為何會選入文集呢？

我認為選錄〈乞醯〉的主要理由是成文當時他才「十歲」。就成人的標準，〈乞醯〉是篇很鳥的文章，但如果十歲孩童（約今日的小學四年級）能寫出「天下之理，自然而已，無容于矯，何者？理無矯也，無容于有待矣。」一破題就從《論語》原典逸出，進到形上和倫理的總體層次，這就頗讓人玩味了。

人類通常要到十歲，腦部才發展到足以處理成人等級的邏輯推論，但也還要經過一定時間學習與演練，才能自我推導。在當代教育中，多數人就是十歲左右才開始學著進行推論，但歸有光十歲就已能寫出在思維上轉來轉去的文章。

這應該就是他曾孫將〈乞醯〉收入其文集的原因。不過我要再次強調，〈乞醯〉所傳達的思想並沒有什麼特別的價值，甚至還有一些明顯的推論謬誤，但（如果是沒有外力幫忙的狀況下）十歲小孩能寫出這種程度的作品，已可說是奇跡。他的確是有些過人的天賦。

他接下來的代表作就是〈項脊軒志〉。他在十七歲時寫下〈項脊軒志〉的前半段，這年紀差不多就是當代的高中生，這或許是選為高中課文的原因之一，但應該不是最關鍵的考量，因為這文章中還有另一個三十來歲的歸有光。

十七歲的歸有光，還只是個日日讀書，追求功名的普通少年，但文章前半完成不久之後，他就考中童子試第一名，從此邁向那個「感覺充滿希望卻一路失望」的人生，所以十七歲時留下的隻字片語，可說是天真爛漫的最後瞬間。

三十多歲的他，是愛妻已亡，人生茫然，正猶疑是否尋找新的出路，卻又難捨舒適圈的艱難時刻。在這兩個歸有光的擠壓之下，〈項脊軒志〉就擠出了和其他古文大不相同的滋味。

交錯與錯過

〈項脊軒志〉是談一間主屋旁的小別室，是歸有光少年時期的書房。全文是由無明顯脈絡的幾個片段組成，巧妙帶出了歸有光身邊的諸多人物。

我認為十七歲歸有光寫了三個區塊的內容，第一區塊（以下我稱為 17-1）是，從頭到「珊珊可愛」，談他曾整修這間小別室，之後環境大為改善。

第二區塊（以下我稱為 17-2）是從「余居於此」到「嫗欲泣」，是懷念曾住過這的老婢與老婢口中的亡母。

第三區塊（以下我稱為 17-3）是從「余自束髮」到「殆有神護者」，提及對他成就功名有殷切期盼的祖母。

三十來歲（無法確定正確年份，下以三十五歲為暫定標準）的歸有光則寫了兩個區塊，第一區塊（以下我稱為 35-1）為「項脊生曰」的區塊，是以古人往事批判十七歲的自己眼界狹小。這一段有學者認為是更早完成的部分，也可能是十七歲之後不久。

第二區塊（以下我稱為 35-2）是最後面的一段，以懷念亡妻為主。

十七歲的歸有光是熱情且充滿希望的。在 17-1 中，可以看出他本人投注非常多心力在經營這間小別室，不但認真改善環境以符合他的使用需求，也利用這空間讀書、準備考試，並因此獲得家人的支持肯定（在 17-1 是隱喻，17-3 是實例）。當個人的喜好和長輩認同能整合在一起，這房間當然就成為一種道德正確、讓人欣快的符號。

17-2 是與老婢間的互動，並延伸思念至早逝的亡母。歸有光八歲時喪母，就參考文獻來看，歸有光的生母可能是因為食用老婢給的螺肉而突然過逝的（八成是因為寄生蟲），因此老婢之淚恐怕不只是懷舊，或許還有更多的歉疚，但就算出這種大包，歸家還是讓老婢留駐，可見其人情之溫厚。

於 17-3 則再由老婢憶及祖母（老婢過往是服侍祖母的）。祖母見歸有光讀書認真，特別將娘家祖上臨朝時的象牙笏送給他，期許他能在家族三代中首獲功名。這些親人都已經過世，所以於此突顯的是悲情。

雖然有喜有悲，但這十七歲的年輕人的文筆確實不簡單，三言兩語就帶出了一個明亮的空間和活跳跳的故人。若說他都在準備科舉，那理論上應該是無法鍛煉出這種筆力的，顯然平日也都在摸東摸西，也難怪通過童子試後，他的功名人生就是一路挫折。

他一路耗到了三十幾歲。考試不順，事業無著，深愛的元配也死了。再次看見十七歲的他時，當然劈頭就是一陣指教。在 35-1，他提及都曾困居一地的蜀清與諸葛亮為例，一方面是期許自己終能脫繭而出，另一方面也是借旁人之口來譏嘲那個天真爛漫的自己。

在35-2，則像是告知十七歲的自己，這個空間之後會出現一個很重要的人，讓這空間不再只是「他」的，而是「她」的。就算她已經離開，這裡的一切也都仍是她的，甚至讓他不得不慢慢離開，漸漸淡出。

大概就在完成〈項脊軒志〉不久，歸有光就中舉、搬家、續弦，專心教書，真把人生「砍掉重練」了。雖然這一「砍」之後的發展看來還不錯，至少在教學與寫作上獲得廣泛肯定，但之後一連串的科舉挫敗（至少落榜七次），又讓他的人生再次回到原本的鳥樣。

對話練習

後來的歸有光和〈項脊軒志〉沒啥關係，就先不談了。回到原本的問題，為什麼要給高中生看這種文章？是要讓他們體會或理解眼前的快樂不見得是真正的快樂嗎？就算年輕時有才情、天賦，也大未必佳嗎？高中生會懂三十來歲輕熟男對亡妻的思念與惆悵嗎？還是要談寫作的技法，在有限的文字空間與對象範圍內，要如何創造出多層次的情意？我認為以上諸問的答案應該都是肯定的，但能有類似「藥效」的古文很多，何以要專選這篇？

〈項脊軒志〉之所以「難得」，還有幾個可能性。第一，古文中出現自我對話的文本不多，跨時間又有明顯人格差異者更少，文長適合且能具備〈項脊軒志〉這種「藥效」的，依我淺薄的認知，似乎是沒有。因此若要談多層次技巧，那〈項脊軒志〉會是不錯的切入點。

只是高中生能消化到什麼程度，就真的是他個人的福氣了。〈項脊軒志〉算是比較消極的文本，整體脈絡是由破敗走向鮮活，再由豐富走向蕭條，最後的餘韻是寂寥。如果高中生讀得出這種氣味，那他應該會覺得被潑冷水，人生好像是點點點點。

那第一線教師該如何圓回來？乾脆不圓，說這就是人生，C'est la vie？我個人是覺得怎樣都好，但中華民國廣大的衛道人士（在看出這點之後）是否能接受，就是另一層面的問題了。

多層次的表達技法

〈項脊軒志〉第二個難得之處，我認為是「放進來的內容都有意義」，而且看似破碎的安排，也保有一個流轉的邏輯。他先談這房間在各時期的轉變，接著時空倒流，回到這房間之前與其他空間的聯結，再帶出老婢這個角色，由其聯想到亡母與祖母，祖母又延伸出對功名的期待。

三十來歲的歸有光，就從這功名的期待接手，明貶暗褒了十七歲的自己，然後在房間的「老女人」回憶之外，帶出了「新女人」，也就是他的亡妻。全文最後停在往事淡去破敗，徒留一棵枇杷樹，這樹可視為舊日的延伸，也可以當成新時間的開始。

他就是帶過主題，效果就出來。這或許是一蹴而成的天賦，也可能是反覆斟酌之後的產物，但純就成品來說的確是非常精緻。如果平鋪直敘、四平八穩的東西看多了，瞭解一下這種多層次的表達技法，知道一件事或一個現象有更多元的切入方式，那也不錯。

這不只是文學的技巧，也是種哲學技術，是顯示自我的方式，也是反省的方式。雖然在西方哲學界中這是常見手法，但在缺乏內向批判，甚至連自我吐槽都扭扭捏捏的華人文化圈中，這的確是需要加強的部分。

當女人成為核心

〈項脊軒志〉最後一個難得之處，是對「女人」的描寫。在之前的古文中，男人就是天下，女人就算出現了，也是不對等的配菜，但在〈項脊軒志〉裡，女人成為核心，反過來形塑影響歸有光的人生。

我認為多數男性可能沒意識到「女人站出來影響男人」與「男人很需要並肯定女人」這兩個價值主張的重要性。就算知道，也可能是歷經人生矛盾後的體驗，而不是在學校教育中接觸到的。

所以〈項脊軒志〉的可貴之處就在於此。寫這文章的男人，真的很愛這些女人，也很依賴這些女人。十七歲的他或許有這種情感，卻仍未認知這些情感的意義，但三十來歲的他，已清楚自己的依託何在。屋子本身並非重點，這個家就算有其他的男人，也不重要；至於什麼重要，就「自己」多想想吧。

延伸方向：感受價值，引起共鳴

談日常生活中的空間或事物是最難的，因為自己天天接觸，習以為常，但別人可能從未接觸過，因此要如何把個人的主觀體驗轉變成為客觀認知，會是個艱鉅的工程。在哲學上有個「他心問題」就是在討論這種困境，但如果你沒接觸這個領域，那也不用特別去看，因為這個問題在哲學上尚未解決，大概也永遠無法解決，而一路討論下來的資訊量已讓外行人極難消化。

但你可以透過閱讀成功作品來接觸這種技巧，並試著運用這類技巧。你可能無法寫出讓自己滿意的作品，但至少應該試著在大腦裡頭設想，如果你要介紹那些極度熟悉的人事物，能否採用一些感覺更個人卻意外能喚起共鳴的方式。

這可能是訴諸於某些真實的生活體驗，你在其中努力過了，你對得起自己，你感受得到其中的價值。雖然你會擔心這可能只是自爽，但總會有人懂你的。而且人數遠比你想像的要多。

能有多好玩：〈晚遊六橋待月記〉

原文：西湖最盛，為春為月。一日之盛，為朝煙，為夕嵐。今歲春雪甚盛，梅花為寒所勒，與杏桃相次開發，尤為奇觀。石簣數為余言：「傅金吾園中梅，張功甫玉照堂故物也，急往觀之。」余時為桃花所戀，竟不忍去湖上。

神展開譯文：西湖最美的時分，是春天和月夜。而一天當中最美的時刻，是晨間薄霧，是夕陽穿透的山嵐。今年春天雪下得很多，梅花被寒氣凍住，和杏花、桃花一路接著開，這是特別難得的奇觀啊。石簣多次告訴我：「傅金吾園中的梅花，是當年張功甫玉照堂留下來的，要趕快去觀賞！」我當時沉迷於桃花，竟然捨不得離開西湖。

原文：由斷橋至蘇隄一帶，綠煙紅霧，瀰漫二十餘里。歌吹為風，粉汗為雨，羅紈之盛，多於隄畔之草，豔冶極矣！

神展開譯文：從斷橋到蘇隄一帶，楊柳像是綠色的煙氣，桃花有如紅色的大霧，遍布二十多里的湖岸。人們的歌聲和樂取如風飄送，女遊客們揮汗如雨。穿著華麗衣服的遊人多過堤岸邊的青草，實在是極度艷麗啊！

原文：然杭人遊湖，止午、未、申三時。其實湖光染翠之工，山嵐設色之妙，皆在朝日始出，夕舂未下，始極其濃媚。月景尤不可言，花態柳情，山容水意，別是一種趣味。此樂留與山僧遊客受用，安可為俗士道哉！

神展開譯文：然而杭州人遊西湖，只在十一點到下午五點這三個時辰。其實湖面綠樹的倒影，山中雲氣色彩的美妙，都是在早上太陽剛升起，夕陽尚未落下時，才是最為濃烈嫵媚。月色更是美到無法形容，桃花的姿態，楊柳的風情，山巒的景緻，與湖水的意趣，都別有一番趣味。這種樂趣只留給山中僧人和雲遊的文客來享用，又怎可向庸俗的人說明呢！

遊記之難

我曾花不少時間在日本自助旅行，基本上都是一個人走。許多臺灣朋友知道之後，會問我：「有推薦去的景點嗎？」、「有什麼好玩的？」

我想這大概是全世界最爛的問題（之一）。人的價值偏好本來就不盡相同，在自助旅行這種與日常生活迥異且充滿意外的領域中，更容易踩到「價值地雷」，我喜歡的，可能正巧是你痛恨的。即便我們價值觀接近，我提供的資訊也會有時效性，正如知名旅遊手冊封底所寫：好店可能變爛，爛店可能倒掉，凡事無一定，眼見為憑。

客觀數字資訊都可能有偏誤，那就別說是加入許多主觀意見的遊記了。先不管那些業配的旅遊部落格，為了讓讀者或觀者關注內容，創作者總不免會下「重料」來吸引讀者的注意力。這可能是大喜（超好玩、超美），又或是大怒（超黑店、超地雷）。如果你整篇清淡如水，那這遊記或旅遊節目根本沒啥人想看，就別談有多少人會因此去那個景點了。

因為誇張的描述過多，所以我不太喜歡讀現代遊記，就算必須參考相關資訊，也多半是看人家提供的路線圖，至於好不好玩，口味合不合，還是要親身體驗才會知道。這也不是說人家推薦的多半不好，隨著自身旅行經驗增加，我發現多數遊客會去的地方通常都能在我的及格線之上；而那些對我來說的高分景點，不論有沒有名氣，也都會有些共通的正面特質。

這些共通特質可以在〈晚遊六橋待月記〉中看到。乍看之下，〈晚遊六橋待月記〉只是篇「下重料」的遊記，把塞滿普羅大眾的西湖講成好像不去會死的聖地，但若把這文章放在更大的脈絡中，許多幽微之處就會突然「亮」起來。

玩出獨門遊程

〈晚遊六橋待月記〉的作者是袁宏道，明末湖北公安人，他有一兄一弟，合稱三袁，其文風被稱為「公安派」。公安派受到陽明心學的影響，意在對抗當時的復古文風，主張寫文章要帶真性情。這大概是因為古文運動已走不下去，都在耍「假掰」，因此產生了一些返樸歸真的力量；當然公安派也不是完全「脫古」，只是主張沒必要那麼復古，文章要有點自我或現實感。

袁宏道自幼即有文名，西元一五九二年二十四歲時考中進士，而後出任吳縣縣令，官做得不錯，但身體一直有些問題，辭官後在西元一五九七年遊西湖，寫下了許多關於西湖的遊記，其中多篇被收錄於《西湖雜記》中，而最具代表性者就是〈晚遊六橋待月記〉。他後來回中央當官，也頗獲肯定，但四十二歲就死了，不知是不是在吳縣得的病一直沒好起來。三袁兄弟都是四、五十歲就過世。

他寫〈晚遊六橋待月記〉時不滿三十歲，正辭官養病，還借了一大筆錢爽爽玩。之前的人生都在讀書，不然就是專心當官，這時就是專心一直玩一直玩，也就玩出許多獨門遊程。

〈晚遊六橋待月記〉全文非常短，正常人讀過之後也應該不會有什麼特別的感受，就是極短篇的西湖遊記。但如果多讀幾次，甚至把收錄在《西湖雜記》的其他篇章拿來比對，就會發現袁某人可不是個普通的玩咖。

挖坑讓人跳

〈晚遊六橋待月記〉由三個部分所組成，分別是「雅、俗、高」。

第一段的「雅」，是談西湖之美在於春、月、清晨與傍晚，還有當時正因氣候因素同時爭豔的花景，以及自己不願前往欣賞有名的古梅，而是貪戀眼前的桃景。第二段的

「俗」，是普羅大眾會看到的景色。第三段「高」，則是批評常人只在午間時段去，而錯過了朝、夕與月景，但這就留給有修行的僧人和專業玩家來體會了。

我認為就「行銷」技術上，這個結構層次安排是非常有吸引力的手法。袁宏道先給出一個大的格局，認定去西湖就是要看「春」、「月」、「朝」、「夕」，接著暗指常人只看「春」，還人擠人，雖然人擠人也可當成一景來看，但自己還多掌握了月、朝、夕，就算你想看，還不見得看得懂啊！

你當然可以質疑他對於月、朝、夕的價值判斷沒有啥客觀依據，是基於他的主觀體驗，別人不見得會喜歡，就像我在前面所說的那樣，你喜歡的，也許正是我討厭的。但袁宏道的處理手法卻不像當代的旅遊部落客或主持人。現在的寫手總是強調某種價值判斷是個人意見，或「不爽不要去」，去了就認真思考我為什麼會覺得爽，請讀者不要隨便批評。

袁某人根本不打算爭辯或打預防針，而是直接挖坑給人跳。他認為和大家一起擠午間時段也沒什麼不好，就算看不到景（人都比草多了），看人也能看出一番樂趣；但如果你想「升等」，不想和隔壁歐吉桑走同樣的路線，那就要掌握月、朝、夕。

他沒有致力於推廣，而是說自己爽到了，超級爽，好棒棒。他沒要你一起來，因為你程度不夠，講了你也不懂；這就是挖了個坑讓你跳，若認真看待他的記述，正常的閒人理應會想試看看。

這種「價值挑釁」看似主觀，卻保有客觀要素。明末江南社會經濟繁榮，很可能出現旅遊熱潮，大家一窩蜂往特定景點擠。但當時因交通工具與客房供給能力的限制，西湖大多數的遊客還是以本地人為主。這些杭州「市民」還有日常生活要過，通常也要忙到過中餐，才能去西湖放鬆。

如果你進一步試圖安排遊程，就會發現他的走法沒有錢是「墊」不起來的；正如蘇軾遊赤壁，袁宏道遊西湖也需要後勤人力物力支援：有人叫他起床，有人接送，有人供吃、供酒、供船，一路鬧到晚上還點燈。所以只有袁宏道這種沒工作也沒經濟壓力，整天都在玩的人，才有辦法掌握月、朝、夕景。

當代的自助旅行者或許會「自己扛」，但以古人的生活形態和知能，以及相關工具科技的程度，實在是不太可能自己包辦，這樣全身上下都會是裝備（當代自助旅行者常像棵聖誕樹那樣全身掛滿東西）。因此袁宏道的「行家行程」，就不只是「雅」的問題，而是「高級」的「高」了。就算知識上有那種境界和層次，口袋沒有幾兩錢，還真撐不起來。

我認為他就強在沒有明講這事，而是用精神門檻來蓋過物質門檻，要你玩得開心，就先忘掉金錢壓力。你讀過那些粗糙展示金錢力量的遊記，又或是看到自助旅行者靠運氣和恥力撐起來的冒險，就知道袁宏道這種「爽人」可以一邊爽，又不會爽到讓人起肚爛，還是有其功力。

雅俗共賞的高分景點

不過就算有人吹噓，景點本身若「體質太爛」，騙人去一次之後就公信力大失，google評價全是一顆星和負評留言，那〈晚遊六橋待月記〉也就不會是必選古文，而是失敗業配了。

我想多數讀者都沒去過西湖，更不可能去過明末的西湖，我們只能從該文獲一致好評的結果，推論袁宏道的描述應未脫離（當時的）現實。西湖在當時應該是個不錯的景點，也具有雅俗共賞的特性。「俗」的部分或許還比較好掌握，那「雅」的高分部分又是些什麼呢？

我提過高分景點會有些共通特質，這些特質就是「能和各種人的生命對話」、「可巨觀也可微觀」、「人多人少各有風情」。而這三點都可以在〈晚遊六橋待月記〉獲得相對的印證。

首先是和景點與遊客的互動性。像「余時為桃花所戀，竟不忍去湖上。」雖然人人都想看有名的古梅，但他就是堅持看湖畔的桃花。因為他喜歡，然後西湖就是能配合他的這種個人偏好。

再來是「可巨觀也可微觀」。西湖有春，有月，有朝，有夕，這都是巨觀的景色，但「歌吹為風，粉汗為雨，羅紈之盛」，都是對於其他遊客的觀察，算是近身的體會，也就是微觀了。

最後是「人多人少各有風情」，這在前面對於三段結構的討論中已經提及，就不再重述。

這種高分景點在旅遊安排上是「安全牌」，就算有幾個部分臨時出狀況（像是花突然都謝了），其他優點也可以補上，遊客仍能有一定水準的體驗。因此這些地方就算名氣較低，通常也會列入高階玩家的私房景點名單。

《西湖雜記》中的眞性情

當然，西湖一直都相當有名氣，也廣獲肯定，更不需要袁宏道來幫推，於此我們就可以把視角反轉，來看袁宏道的「真性情」。這或許才是真正值得一推的部分。

我認為現有選文只選〈晚遊六橋待月記〉，是有點可惜的，因為《西湖雜記》的其他文章也相當好，某些對當代人來說可能更討喜。若是要探究袁宏道和西湖的互動過程，以及他在這過程中的「真性情」，還是應該從《西湖雜記》，甚至是《袁中郎全集》中去找線索。

但課本不可能放那麼多文章，只能選擇最有綜合價值的部分，那選〈晚遊六橋待月記〉的確是沒啥問題；不過選了〈晚遊六橋待月記〉，卻沒機會看到其他部分，那也會讓〈晚遊六橋待月記〉的光芒暗淡不少。

所以我才會說，普通讀者直接讀〈晚遊六橋待月記〉，應該不會有什麼觸動；就算加上了導讀說明，你會瞭解袁某人的厲害之處，但還是不會被他「戳到」，不會想去西湖，也不會想進一步瞭解他的人生。而對於課本提及的「公安派」或我說的「真性情」，你也難真正掌握。這些名詞與定義，就真的只是背下來應付考試而已。

但如果你有機會細讀《西湖雜記》，就會瞭解〈晚遊六橋待月記〉不過是系列遊記中的一段或一篇。把其他的部分串來，西湖哪裡好玩，袁宏道這「兄弟」到底哪裡爽快，就變得非常立體了。

在〈初至西湖記〉中，袁宏道破題就說自己透過城門看見湖中的塔，「則已心飛湖上也」，又說景色美到自己「描寫不得」，但一連串的「山色如蛾，花光如頰，溫風如酒，波紋如綾」，又都能讓你紮實地站在現場。

〈斷橋〉一篇本只是寫景寫物，但「聞往年堤上花開，不數日，多被人折去。今春禁嚴，花開最久。」短短幾句，從遊客沒品亂折花木，到政府重罰禁止，而帶出今年花景最美最久。真實、幽默，又強力認證了今年絕景、不來可惜的底層主張。

〈雨後遊六橋記〉寫在大雨落花之際，本以為景色破敗，但放晴後「忽騎者白紈而過，光晃衣，鮮麗倍常，諸友白其內者皆去表。」一位白衣騎手帥氣過場，閃瞎眾人，於是穿白色內衣的朋友也都脫去外衫一起「閃」，甚至還躺在雨後地面飲酒唱歌，用臉去接掉落的桃花。這叫狂嗎？這已經是「ㄎㄧㄤ」了。

在〈飛來峰〉這至今仍受到歡迎的景點，他先痛批現代觀光客必看的洞穴佛像是「如美人面上瘢痕，奇醜可厭」，而他與道士同遊時，是「每遇一石，無不發狂大叫」，完全失控，但真的「咖勳」。

那是大家的西湖，那也是袁宏道的西湖。做為自助旅行的愛好者，我很羨慕他能玩得這麼開心，能欣賞群眾的美感，也能找到真正的自我。旅行，可以玩成像袁宏道這樣，那閱讀呢？

閱讀也是種旅行。〈晚遊六橋待月記〉或許普通、平淡，但從這文章出發，你也有機會接觸到某些可能感動你的東西。就看你怎麼「玩」了。

延伸方向：體驗類文本的起手式

就網路世界的當前格局來看，最主流的內容產出是「體驗類文本」。從部落格、youtuber或其他引人注目的網路文字，最受歡迎的一直都是試吃、試喝、試玩，開箱記錄等等，我們是透過觀看他人的體驗過程來獲得滿足。而新聞資訊與評論類的內容雖然也受到重視，經常被「廣傳」，甚至成為「假新聞」、「假資訊」的爭議焦點，但其所佔的流量（總量）並不高。人們還是比較想接觸「他人的主觀經驗」。

如果你想在未來世界當個內容生產者，那專注在這個向度上或許比較容易成功。但我前面也提過，要將主觀經驗轉化為客觀表述是非常難的事，大概也沒有麼標準答案，我們只能站在前人的成果摸索未來的方向。

台灣的某些「網紅」，也是直接抄國外網紅的架構安排，就獲得相對驚人的成就。若你不知該怎麼辦，也想用「抄」的，那不如抄點「好」的、「像樣的」、真正內力深厚的東西。而像袁宏道這類「課本不講，你大概永遠不會知道」的成功作品，或許會是最佳的起手式。

〈勞山道士〉

作者又死又活：

原文：邑有王生，行七，故家子。少慕道，聞勞山多仙人，負笈往游。登一頂，有觀宇甚幽。一道士坐蒲團上，素髮垂領，而神光爽邁。叩而與語，理甚玄妙。請師之，道士曰：「恐嬌情不能作苦。」答言：「能之。」其門人甚眾，薄暮畢集，王俱與稽首，遂留觀中。

神展開譯文：本地有位王姓書生，排行第七，是有錢人家的子弟。他小時候就喜歡道術，聽說勞山有許多仙人，於是打包前往遊學。他登上一座山頂，看見某道觀十分幽靜。一位道士坐在蒲團上，白髮垂到領子，而神情清爽豪邁。王生於是拜見道士，交談了一會，發現道理非常奧妙。王生請求拜道士為師，道士說：「我是擔心你好日子過慣，不能吃苦。」王生說：「我能吃苦！」道士的弟子人數甚多，在傍晚全部聚集，王生向他們跪拜行禮，之後就留在觀中。

原文：凌晨，道士呼王去，授以斧，使隨眾采樵。王謹受教。過月余，手足重繭，不堪其苦，陰有歸志。

神展開譯文：第二天凌晨，道士叫王生前去，給他一把斧頭，派他和其他人上山砍柴。王生恭敬受命。（就這樣天天砍柴，）經過一個多月，手腳長了好幾層老繭，王生受不了這辛勞，想要回家。

原文：一夕歸，見二人與師共酌，日已暮，尚無燈燭。師乃剪紙如鏡粘壁間，俄頃月明輝室，光鑒毫芒。諸門人環聽奔走。一客曰：「良宵勝樂，不可不同。」乃于案上取酒壺分賚諸徒，且囑盡醉。王自思：「七八人，壺酒何能遍給？」遂各覓盎盂，競飲先釂，惟恐樽盡，而往復挹注，竟不少減。心奇之。俄一客曰：「蒙賜月明之照，乃爾寂飲，何不呼嫦娥來？」乃以箸擲月中。見一美人自光中出，初不盈尺，至地遂與人等。纖腰秀項，翩翩作霓裳舞，已而歌曰：「仙仙乎！而還乎！而幽我于廣寒乎！」其聲清越，烈如簫管。歌畢，盤旋而起，躍登幾上，驚顧之間，已復為箸。三人大笑。又一客曰：「今宵最樂，然不勝酒力矣。其餞我于月宮可乎？」三人移席，漸入月中。眾視三人，坐月中飲，須眉畢見，如影之在鏡中。移時月漸暗，門人燃燭來，則道士獨坐，而客杳矣。幾上肴核尚存；壁上月，紙圓如鏡而已。道士問眾：「飲足乎？」曰：「足矣。」「足，宜早寢，勿誤樵蘇。」眾諾而退。王竊欣慕，歸念遂息。

神展開譯文：某天傍晚回到觀中，王生看見兩個人和師父飲酒，太陽已西沉，但還未點燃火燭。師父於是把紙剪成圓鏡那樣然後貼在牆壁上，一下那紙片像月亮照耀房內，亮到連極微小東西都看得清楚。弟子們在房中到處奔忙。一個客人說：「這麼美好的夜晚，搭配這麼棒的音樂，大家一定要一起同樂。」於是從桌上拿酒壺分給徒弟，並且要求大家喝醉。王生私下想說：「七八個人，一壺酒那夠？」大家於是各自找來杯碗，爭相搶酒，怕酒會喝完，但往來不停倒酒，酒壺裡的酒竟然不會減少。王生暗中覺得神奇。不久一個客人說：「感謝有明月相照，不過我們自己喝也無聊，為何不叫嫦娥來？」師父把筷子丟向月亮，就看到一個美人從月亮中出來，開始不到一尺高，但到達地上時竟然與人一樣高。纖細的腰，修長的頸，翩翩地跳著霓裳舞，然後唱著：「已是仙人啊！又回到人間了呢！為何幽禁我在月亮上的廣寒宮呢！」歌聲清亮悠遠，又像管樂那樣大聲。歌唱完，突然旋轉飛起，跳上茶几，才一轉眼，就變回筷子。對飲的三人大笑。又有一位客人說：「今晚是最快樂的一次，但我已經醉了。可以到月亮上為我餞別嗎？」三人於是起身，漸漸走入月亮中。大家看著三人坐在月亮中喝酒，連鬍鬚眉毛都很清楚，像是鏡中的人影。又過了一陣子，月光漸漸變暗，弟子點上燭火來，只剩道士獨坐房內，客人都不見了。桌上還放著菜餚；牆壁上的月亮，則變回圓鏡一樣的紙。道士問弟子：「酒夠喝嗎？」大家說：「夠。」道士說：「喝夠了，就早點睡吧，不要耽誤明天砍柴割草的工作。」弟子答應後退下。王生偷偷羨慕，又打消回家的念頭。

原文：又一月，苦不可忍，而道士并不傳教一本。心不能待，辭曰：「弟子數百里受業仙師，縱不能得長生術，或小有傳習，亦可慰求教之心。今閱兩三月，不過早樵而暮歸。弟子在家，未諳此苦。」道士笑曰：「吾固謂不能作苦，今果然。明早當遣汝行。」王曰：「弟子操作多日，師略授小技，此來為不負也。」道士問：「何術之求？」王曰：「每見師行處，墻壁所不能隔，但得此法足矣。」道士笑而允之。乃傳一訣，令自咒畢，呼曰：「入之！」王面墻不敢入。又曰：「試入之。」王果從容入，及墻而阻。道士曰：「俯首輒入，勿逡巡！」王果去墻數步奔而入，及墻，虛若無物，回視，果在墻外矣。大喜，入謝。道士曰：「歸宜潔持，否則不驗。」遂助資斧遣歸。

神展開譯文：又過了一個月，王生已不能忍受，然而道士依然沒傳授他任何東西。王生已無法等待，於是告辭說：「弟子從數幾百里遠的地方來拜仙師，就算不能學得長生法術，若稍微學點小技術，也可告慰我求教的心意。如今這兩三個月，每天都是早上去砍柴，晚上回來，弟子在家中時，從未經歷辛苦。」道士笑著說：「我說過你不能吃苦，現在果真如此。明早就送你離開。」王生說：「弟子工作多日，師父傳授一點小法術，也算是沒有白來啊。」道士問：「你想學什麼？」王生說：「每次看見師父移動，都可以直接穿牆，學這個法術就夠了。」道士笑著答應。於是傳授他口訣，要他唸完咒語，大喊：「入牆！」但王生面對牆壁不敢進入。道士又說：「試著入牆看看。」王生果斷前進，但碰牆又卡住了。道士說：「低頭快速進入，不要懷疑！」王生果斷的從離牆幾步的地方出發跑過去，碰到牆壁時卻好像沒有東西阻擋，回頭一看，發現已在牆壁外頭了。王生非常高興，進入拜謝。道士說：「回去應當潔身修行，否則就不靈驗了。」於是提供旅費讓他回家。

原文：抵家，自詡遇仙，堅壁所不能阻，妻不信。王效其作為，去墻數尺，奔而入；頭觸硬壁，驀然而踣。妻扶視之，額上墳起如巨卵焉。妻揶揄之。王漸忿，罵老道士之無良而已。

神展開譯文：王生活到家，自稱遇到神仙，堅固的牆壁也無法阻止他，妻子不相信。王生就依所學做法，離開牆壁幾尺，然後奔跑進入，結果頭撞到堅硬的牆壁，摔倒在地。妻子扶他起來查看，發現額頭腫起來，像是巨大的蛋。妻子嘲笑他，王生慚愧又痛恨，罵老道士沒良心。

原文：異史氏曰：聞此事，未有不大笑者，而不知世之為王生者正復不少。今有傖父，喜疢毒而畏藥石，遂有舐吮癰痔者，進宣威逞暴之術，以迎其旨，紿之曰：「執此術也以往，可以橫行而無礙。」初試未嘗不小效，遂謂天下之大，舉可以如是行矣，勢不至觸硬壁而顛蹶不止也。

神展開譯文：異史氏評論說：聽這故事的人都哈哈大笑，但大家卻不知道這世上像王生這樣的人真是不少。現在有些蠢人，喜歡聽有害的好聽話，害怕聽到忠告，於是就有那些吸吮膿疱、舐痔瘡的人，告訴蠢人那些逞兇鬥狠的方法，以迎合這些人的需求，還騙他們說：「只要照這個方法去做，就可以橫行無阻。」一開始的確有點小小的效果，於是蠢人就以為這一套可以行遍天下，不到撞上硬壁是不會停止惡搞的。

卡卡的故事

讀〈勞山道士〉時，我有點卡卡的。我不是卡在故事本身，而是卡在蒲松齡的感想部分。蒲松齡對故事的聯想讓我有點「斷線」，邏輯上接不太起來。這故事本身自有一套寓言的價值理路，但蒲松齡的個人解讀卻是往某個非常偏的方向去推論。我不能說這種解讀有錯或不好，故事是他寫的，怎麼評的確他爽就好，不過他寫故事可以有他的見解，我們讀他的意見，也可以是我們爽就好。

這讓我想到關於「作者已死」這詮釋方法的論爭。「作者已死」或許是解構主義最常被提到，也最常讓文青吵成一團的理論，各門各派對此概念的定義沒有共識，而這種「一概各表」的現象，我認為正巧就是「作者已死」這概念所預示的未來。所以「作者已死」這概念也被「作者已死」了

就我個人的定義，「作者已死」代表作者完成作品之後，讀者的閱讀與評述過程仍會持續影響作品的解讀方向，隨著讀者評述越來越多，原本單純的作品內容就會生出很多枝節，甚至往矛盾的詮釋方向發展。這些詮釋立場之間沒有什麼必然的正確或錯誤，就是個持續不停的生產過程。所以講「作者已死」，並不是要讀者完全別鳥作者，當他是死人，

而是要讀者也承擔生產者的任務。

好像越講越難了。還是來看看〈勞山道士〉是如何從榕樹下的阿伯笑話轉變成為推薦選文的。

魔法的寓意

〈勞山道士〉是精采的短篇故事搭配蒲松齡的讀解所構成。第一段提到小王去勞山的道觀拜老道士為師。老道士叫他砍柴一個多月，小王苦不堪言。

在第二段中，小王看到老道士與客人同飲，不但剪紙為月，賞給徒弟的酒也喝不完，甚至叫出嫦娥來坐檯。本來已想閃人的小王看了相當佩服，又留下來。

在第三段裡，小王再多砍了一個月的柴，又想要告辭，離去前老道士教他穿牆術，小王學會後快樂回家，但在妻子面前表演失敗，頭撞了一個大包。

第四段是蒲松齡的評語，他說蠢人專聽有害的話，壞人就哄騙蠢人去做一些短時間內有用，但長時間一定會破功的事。

這故事是怎麼來的呢？據說蒲松齡有在路邊搜集旅人故事的習慣，所以這可能是「問卷訪談」得來的；另外依文獻資料，蒲松齡也去勞（嶗）山參訪過，也可能是那時聽來的，這就算是「田野調查」了。因為地緣關係，故事原型也可能是在山東一帶（勞山和蒲松齡的活動區都在山東一帶）的鄉里傳說，再經過蒲松齡修改而成。不論故事是聽來或自創，依現有文字來看，蒲松齡應該花了不少心力在潤飾上，依學界大德的說法，純就其文學層面，本文即有成為必選課文的價值。

我認為這故事還有幾個地方能引發深層的哲學思考。首先是故事中對於道士的描述與真正的道士存在差距，所以應該不是真正道門中人所創的架構，而是教外人士的猜想。〈虯髯客傳〉的作者杜光庭就是正牌道士，在虯髯客故事中雖然有許多神異現象，但基本上還是依照符籙派的基本原理在走。最誇張的部分，也就只是驢子吃肉和看看面相。

但在〈勞山道士〉之中的道士已完全是個魔法師了，可以剪紙為月，丟筷成嫦娥，倒酒不絕，甚至可以進入月中幻境，關鍵的穿牆術反而是最不起眼的法術。許多神話或宗教故事中都可以看到類似的「魔法」，但這些法術卻不太對應於道教的宇宙觀或世界觀，因為真正的道士比較像是「召喚師」而不是「魔法師」，是呼召神靈來執行任務的；就算會變化形體，通常也是變化自己的形體。

而擁有魔法能力的道士形象，是將早期道士神仙化之後的產物，也就混合了其他宗教的傳說。正統道教理論無法解釋這現象是怎麼來的，又應該如何修練而成。因此〈勞山道士〉的故事部分應該是出自民間對於道士的想像，並非道士團體內部的創作。故事中的老道士根本就是神仙，而之所以不以真正的神仙為主角，或許是老道士的形像更為「親民」，可以讓讀者或聽者更容易進入狀況。

從這就可以延伸到第二點。與清修多年的老道相比，小王這種不中用的世家子弟是另一種極端。這類嬌生慣養的人，搭配砍柴這種粗活，再見到老道吃香喝辣看美眉的情境，這種「苦—樂」交錯的價值對比感就非常明確：老道是先苦後樂（有長期修練才能變出一堆魔法），而小王是苦不得（想回家），因此樂不得（學不到魔法），或說是苦了一小點（砍柴兩個月），因此也只能樂一小點（穿牆一次）。

所以我認為這個故事本身的寓意很明確，就是吃得苦中苦，方為人上人，吃不了苦，或是只吃一點苦，就想要立刻「提款」的人，那鐵定是無法長久，只會淪為笑話的。

蒲松齡的詭異詮釋

雖然有如此明確的道德價值結構，但蒲松齡對這故事的解讀卻偏往另一個方向。他認為這世上有不少笨蛋只想聽好話，不接受難聽的忠告，因此想陷害或詐騙這些笨蛋的壞人，就告知笨蛋某些亂來的方法，而這些方法一開始還算管用，但笨蛋卻以為能一直用，還用在各種地方，直到「撞牆」才知要停。

不用受過什麼邏輯訓練，我想普通人都可以看出蒲松齡這種詮釋角度顯然是「非主流」。原來的故事很簡單，但他的聯想就有點複雜了，兩者之間應該還有些中間推論階段，少了這中間階段（可能是一些真實事件或普遍的社會現象），也就形成推論的邏輯斷裂。

我不能說這種解釋角度是錯的，但蒲松齡的類比的確和原故事的價值結構不太相同：小王是笨人，但這老道也不見得是有意害小王撞頭，他在傳授穿牆術的同時，也提醒小王要清修才能成功，但小王就是急著想秀，所以出了包。

這怎麼說都是小王自己的錯，實在是很難怪到老道身上。而在蒲松齡最後一段的批判中，不論是「笨蛋」（類比小王）或「提供錯誤方法的人」（類比老道）都有道德疑義，而後者的道德問題又比前者嚴重。

蒲松齡誤讀了原文嗎？應該不至於。我前面提到這個故事就算不是他的創作，他也運用了許多技巧來潤飾修正，所以他對於其價值結構應該很清楚，所以我才會推論他或許是因為碰到了什麼事件，或是當時社會上有什麼集體現象，他才會產生跳脫原本脈絡的聯想。

有些人會對此感到遺憾，認為蒲松齡的評論變成爛尾，但我反而覺得這讓本文更有價值。我們的確沒有責任依「作者」設定的價值結構來理解一篇文章。同樣的一篇笑話，有些人會笑，有些人看不懂，另一票人甚至會覺得被冒犯（如網路流行的「地獄梗」：「這是霍金，他上知天文，下肢癱瘓」），這世界就是存在多元解讀的可能性。

有些解讀結果可能會讓你產生一些道德責任，像是你笑了之後覺得有點內疚（所以才是地獄梗），但也不是一定要選擇「教忠教孝」的那條理解路線才是「道德正確」，其他路線也許可以走出高深的道德價值成就。若蒲松齡的點評和故事的脈絡完全一致，搞不好〈勞山道士〉就因為行文多贅而無法成為選文了。

誰的同溫層

我們可以再換個角度來觀察。小王見了老道，覺得佩服而想修道，這似乎應該鼓勵，但老道士卻只叫他砍柴，而且似乎所有徒弟都在砍柴（依第二段最後文字），這種教學方法好像怪怪的。說是磨練心性，也看不出磨練的理路。就這點來看，老道確實有點不對。

若說是老道士早看出小王沒有慧根，想以此逼退，那為什麼不一開始就拒絕，省得浪費時間？若說是老道士道行高深，能預知小王之後半途而廢，因此設下這連環圈套，那故意繞這一大圈鬧小王，害他最後回家撞牆，又是何必？又有何教育意義？

而且說是道行高深，也在清修，卻是飲酒作樂，甚至召女陪侍；相對來說，小王一個月都在乖乖砍柴，只是看個魔法秀，喝點酒，就又多砍了一個月的柴，離去時說要學點小技術，老道士就狠狠整他，這也不太合乎比例原則。就上述這些角度看來，老道士也不算好人。

因此在解讀原故事時，或許需要引入更多的「預設」。小王除了故事描述的表現之外，還要有更多品性上或行為上的問題，才會讓最後的撞牆成為合理的處罰；而老道士也還要有更多（故事沒提到的）神通，像是無所不知的能力，才能讓這故事擁有相對普遍的合理性（而不只是道教修行人的合理性）。

所以如果你看這故事看得很順，也很快掌握蒲松齡的評點，那你可能採用了和蒲松齡相近的預設或脈絡。對你來說，就不是「作者已死」，而是「作者復活」了。

相對來說，如果你和我一樣在理解上有點「卡卡的」，甚至根本看不懂〈勞山道士〉是要表達什麼，無法掌握兩個主角的行為目的性與道德價值，那你或許就是採取和蒲松齡不太一樣的預設。

這些解讀都沒有對錯，只有比較多人接受或孤芳自賞的差別。人多不一定代表對，很可能只代表這些人擁有類似的世界觀或價值觀，而他們可能形成一個同溫層；我們就算是少數，也有機會找到我們自己的小小同溫層。

但跨出自己的同溫層，瞭解別人在想什麼，就是種道德正確了。你除了掌握為何自己會如此理解這故事，你也可以試著去掌握別人為什麼會如此理解這篇文章，他的人生到底「出了什麼問題」（不是真正的問題，就是有個待填的空白）。

像我如此看待這篇文章，顯然和我所受過的學術訓練有關，而在缺乏相關知識的部分，我就完全讀不出深意。而蒲松齡呢？他這個鄉下刀筆師傅，又會有什麼樣的世界觀和價值觀呢？

不妨再次回去看蒲松齡的原文。他在故事中所使用的價值詞彙都相對「輕淡」，像是「故家子」、「嬌情」、「不能作苦」、「竊欣慕」、「漸忿」、「無良」。而在點評部分，用字就相當辛辣了，像是「傖父」、「喜疢毒」、「畏藥石」、「舐吮癰痔者」、「宣威逞暴之術」、「橫行而無礙」、「顛蹶不止」。突然罵這麼兇，應該是針對明確的對象，是在借題發揮，指桑罵槐。

講白點，都說出「舔屁眼」這種用詞了，代表他真的很不爽。所以「傖父」和「舐吮癰痔者」應該都有對應的真人。可惜我們沒機會知道是誰，除非「作者」真的復活。

只要還有人看

蒲松齡的人生不算是成功，考科舉更是一路挫敗，大概也是因為如此，他也沒辦法光明正大地罵，只能藏身在狐仙妖鬼之下，碎唸個幾句。不過他碎碎唸，還是唸出了一個巨大的神怪世界，直到現在，我們還是受到《聊齋誌異》的影響，擁有一個大於宗教神話的超自然世界觀。

雖然這世界觀正因為科學教育的普及與古文神怪讀本不受歡迎而弱化（這可參考拙著《宗教的兩張臉》），但只要有人以新形式轉譯其內容，這些資源還有機會被提取，而成為新時代的動力。像電影〈倩女幽魂〉就讓〈聶小倩〉篇成為《聊齋誌異》最知名的篇章。

所以就別管作者死不死了。只要還有人在看，作品就能保持生命力與生產力，就能生出原作者沒料想到的價值與意義。

你看不太懂蒲松齡，蒲松齡大概也無法懂你。但也因為這樣的落差，這世界才能發展為豐富多元。

延伸方向：試著自己生產或改寫出有趣的故事

流行文化研究與批判理論是當代西方文化研究的重點，但在中文世界還是弱了一些，我們往往是用相對老派的方法論來處理各類通俗文本，不免讓這些文本變得比較單調，也難以說服廣大的群眾。

因此就算《聊齋誌異》這種大家最愛看的靈異故事集，也變得「你知道，我知道，獨眼龍也知道」這本書，但就是沒人看過。為什麼？單純因為是古文嗎？

臺灣有一些學者致力於將通俗古文作品普及化或轉譯，但這些新的「普及通俗古文作品」也是鎖定「上進」的人，而不是一般消費者。而後者接觸任何內容，往往只是為了「爽」而已。

看到這裡，你可能以為我要對出版商或影視工作者喊話，要他們生產一些更「爽」的產品，但其實我的建議是反過來的：你身為一個潛在或現成的讀者，不該只是等待人家把適合你的東西生出來，而是該自己投入生產，試著改寫這些故事。不只是翻成白話，而是思考同樣的內容，能否放到現代的場景中呢？哪些無需改動？哪些調整之後，會讓故事變得更加有趣呢？我們已經在做這樣的檢視工作，說不定你「也」會一試成癮。

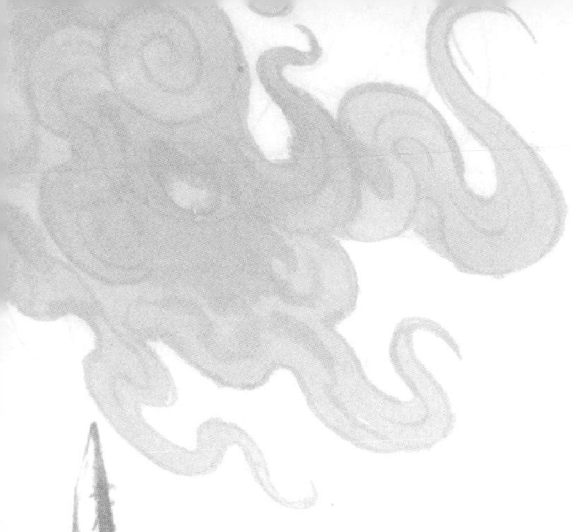

人們為何相殺：

〈勸和論〉

原文：甚矣，人心之變也，自分類始。其禍倡於匪徒，後遂燎原莫過，玉石俱焚。雖正人君子，亦受其牽制而或朋從之也。

神展開譯文：太過分了，人心的轉變，都是從把人分類開始的。一開始是盜匪在提倡，後來像野火燎原無法阻止，而造成玉石一同焚毀。就算是正人君子，也難免受到影響或加入其中啊。

原文：夫人與禽各為一類，邪與正各為一類，此不可不分。乃同此血氣、同此官骸、同為國家之良民、同為鄉閭之善人，無分士、無分民，即子夏所言四海皆兄弟是也，況當共處一隅？揆諸出入相友之義，古聖賢所謂同鄉共井者也。在字義，友從兩手、朋從兩肉，是朋友如一身左右手，即吾身之肉也。今試執塗人而語之曰：爾其自戕爾手、爾其自噬爾肉，鮮不拂然而怒。何今分類至於此極耶？

神展開譯文：人類和禽獸是自成一類，邪與正是自成一類，這是不可不分的。而擁有同樣的血肉精神，同樣的五官體軀，同是國家的善良子民，同樣是鄉里的善人，不分士人百姓，這就是子夏所說四海之內都是兄弟，何況是那些共同生活在一塊的人呢？想想你與各種朋友互動的應有之道，這就是古代聖賢所說的同鄉共井之人應有的情誼啊。就字面來看，友是兩隻手，朋是兩塊肉，是說朋友就像身體的左右手，也是我身上的肉啊！今天你在路上拉人說：請砍自己的手，吃自己的肉，哪有聽了不發飆的人呢。但為何今天我們對人的分類會如此過分呢？

原文：顧分類之害，甚於臺灣。臺屬尤甚於淡之新艋。臺為五方雜處，自林逆倡亂以來，有分為閩、粵焉，有分為漳、泉焉。閩、粵以其異省也，漳、泉以其異府也。然同自內府播遷而來，則同為臺人而已。今以異省、異府苦分畛域，王法在所必誅。矧更同為一府，而亦有秦、越之異，是變本加厲，非奇而又奇者哉？夫人未有不親其所親而能親其所疏。同居一府，猶同室之兄弟，至親也。乃以同室而操戈，更安能由親及疏，而親隔府之漳人，親隔省之粵人乎？淡屬素敦古處，新、艋尤為菁華所聚之區，遊斯土者，嘖嘖稱羨。自分類與，元氣剝削殆盡，未有如去年之甚也！干戈之禍愈烈，村市半成邱墟。問為漳、泉而至此乎？無有也。問為閩、粵而至此乎？無有也。蓋孽由自作，釁起鬩牆，大抵在非漳泉、非閩粵間耳。

神展開譯文：而把人分類所帶來的傷害，在臺灣最嚴重，在臺灣裡又以淡水廳的新莊、艋舺最嚴重。臺灣有五地出身者共處，從林爽文叛亂以來，有人將漢人分為閩、粵，又有人把閩人分為漳、泉二類。閩、粵的區分是基於省籍，而漳、泉的區分是基於不同府。然而他們同樣是從內地遷徙而來，也同樣是臺灣人。今天只因為不同省籍，不同府別就硬要劃分領域，這是朝廷的法令一定會嚴辦的。何況同一府的人，也要再劃分出南北，這是變本加厲，不就是奇怪中的奇怪嗎？沒有人能不先親近自己的親人，而能親近外人的。同住一個府，就像同處一室的兄弟，算是最親近的人了。如果同處一室都還互砍，又怎能由親人推廣至外人，而親近鄰府的漳州人，親近鄰省的廣東人呢？淡水一直是敦厚古樸的地方，新莊、艋舺尤其是菁英聚集的地區，遊歷這些地方的人，都表示讚嘆和驚奇。但開始劃分出身地域後，人們的元氣大傷，沒有比去年更誇張的了！械鬥越來越嚴重，村落市鎮多半成為廢墟。若問是為漳州、泉州而開戰嗎？沒人這麼認為。又問是為了閩、粵而開戰的嗎？也沒人這麼認為。其實大概都是因為自家恩怨，內部衝突，而不是漳泉或閩粵之間的矛盾。

原文：自來物窮必變，慘極知悔。天地有好生之德，人心無不轉之時。予生長是邦，自念士為四民之首，不能與在事諸公竭誠化導，力挽而更張之，滋愧實甚。願今以後，父誡其子、兄告其弟，各革面、各洗心，勿懷夙忿、勿蹈前愆。既親其所親，亦親其所疏，一體同仁，斯內患不生，外禍不至。漳、泉、閩、粵之氣習，默消於無形。譬如人身血脈節節相通，自無他病。數年以後仍成樂土，豈不休哉！

神展開譯文：自古以來，事物到極限必有變化，悲慘到極點會知道悔改。天地愛好生命之德，人心更隨時在轉變。我生長在臺灣，自認讀書人身為四民的首位，無法與主政者全力開化教導百姓，努力挽救改變他們，實在是非常慚愧。但願從今以後，父親能告誡兒子，兄長能告誡弟弟，各自改頭換面，洗滌心靈，不再抱持往日怨恨，別要踩上先前的過錯。人人親近親友，也親近外人，所有人都以仁心相對，這樣就不會有內亂，也不會有外患。漳、泉、閩、粵的習慣差異，就會默默消失於無形。像人身上的血脈如果能相通，自然不會生病。這樣數年之後，臺灣再次成為人間樂土，那不就是最好的結果嗎！

砍來砍去的祖先們

本系列從遙遠的古中國出發，終於來到近代的臺灣。對於我這種四十多歲的人來說，國文課本出現多篇關於臺灣的古文，是頗神奇的事（過去只有〈臺灣通史序〉），因為臺灣在「大中國好棒棒」脈絡中，雖非又老又窮，但總被視為又小又爛。但不管是否老窮小爛，本書多數讀者和臺灣的高中生就是活在這片土地上，對於相關文字也總是比較容易「有感」。

這種「感」有時是難以言明的詭異感。我認為〈勸和論〉在文學方面的成就或許不出色，但臺灣人認真讀、細心想，還是能帶出一些奇妙主觀想像。而要瞭解這種「感」，得從「豬」談起，也就是「中國豬」。這也許是你直覺以為的那種「中國豬」，但也可能不只是你想的那種「中國豬」。

在臺灣由大日本帝國轉變為中華民國統治的過程中，因為發生了一連串鳥事，因此坊間有「狗去豬來」之說；這成語讓許多外省人不太爽，因為這顯然是說來臺灣的外省人是豬。

但在臺灣當過豬的，可不只有外省人哦！在更久之前的臺灣，還有「漳州豬」、「泉州驢」的說法。漳州泉州都是閩南地區，但出身兩府的移民在臺灣的拓殖過程發生許多武裝衝突，也因此互諷對方是豬或驢。當時知識分子為了勸阻漳泉移民的紛爭，還曾寫下「漳人是豬泉亦豬」的詩句，表示再戰下去，那大家就真的是蠢得像豬囉。

可是如果勸和有這麼容易，那就不需要法院和軍隊了。在臺灣的大清帝國時期，原漢、漳泉、閩粵等各族群的內戰整整持續了一百多年，直到十九世後半才慢慢停火。對於臺灣械鬥的研究相當多，本書無法完整介紹，只是希望各位「豬的後裔」有空的話，可以去瞭解一下自己的「豬祖先」是如何與「豬隊友」組隊砍來砍去，而形成當前的臺灣人文地景。

〈勸和論〉就是個不錯的切入點，作者是開臺第一位本土進士鄭用錫。進士當然是知識分子，所以鄭用錫可以說是史上第一位「臺派文青」了；他不只居處上和那些來臺過個水就落跑的傢伙不同，在〈勸和論〉一文中，也可看出他「愛呆丸」的真性情。

雖然就結果來說，〈勸和論〉好像沒啥鳥用（之後臺灣還是互砍了至少十幾年），純屬文青嘴砲，但其中所傳達的溝通倫理想法，或許能給百多年後的我們一些啟示。我們各族群間雖然不互砍，但依然還是會嘴來嘴去的。

歧視問題加深對立

對於鄭用錫為何會寫下〈勸和論〉，學界有兩種說法。第一種認為這算是他對長期內戰的整體反省，並未針對特定事件，第二種說法則認為他是針對「頂下郊拼」（西元一八五三年）這場泉州同鄉內戰。我個人偏向支持第二種說法，因為在文字部分他的確有帶到同府相殘的部分。

〈勸和論〉全文可粗分為三段。在第一段中，鄭用錫認為錯誤的分別方式是造成臺灣人爭鬥的根本源頭。在第二段中，他主張行政地域之分是政府法令造成的，沒有實質意義，不應成為對立虛耗的關鍵要素。而在第三段裡，他主張讀書人應該成勸和的主導力量，透過家庭教育等由內而外的擴散方法，漸次消除族群之間的械鬥。

〈勸和論〉能成為選文，應是基於其訴求族群和諧的本旨。我們雖然已經很久沒有砍來砍去，但族群之間的矛盾仍然存在，也很容易在政治意識形態對立的格局之下突然升高。

當然，我想應該沒人會懷疑鄭用錫愛臺灣的心，但他講的解決方案，到底有沒有效呢？

前面提到我認為〈勸和論〉是因為頂下郊拼而起。頂下郊拼是泉州府人的內戰，是由三邑人（今天的泉州市附近）對同安人（廈門金門一帶，鄭用錫也是同安人）發動突襲，最後同安人被打跑後撤去大稻埕。講說是「戰」，但衝突只發生在方圓一公里的範圍內，規模不大，不過對於同安人來說仍是個不小的心靈震撼。

在整個臺灣械鬥史中，漳泉間或是閩粵（主要是客家人）間的衝突都有明顯的語言要素，因這理由戰成一團，或許還有一點點合理性，因為口音的差別的確很容易引發族群之間的不快，直到現在也都還有人會嘲笑宜蘭腔、臺中腔或海口腔。

不過頂下郊拼是泉州府人自己對殺，或許經濟利益與宗教信仰是更主要的導火線。因此鄭用錫會忍不住發文，除了自己同安人被打爆之外，應該還包括對於以軍事手段解決衝突的不安，外加官府的廢材表現（連縣衙都被燒了），他才會緊急出來喊停。

以他的學識背景（主要是讀儒家經典，特別專長於易經），我認為他了不起之處在於其論述頗有「現代性」，帶有一點點的啟蒙主義味道。他認為有些區分原則是合理的，像是人與動物之別、善惡之別，但在「道德上」不應從出身地域或社會角色來區分人。

其中又以出身地域這分類原則的問題最大，因為行政區只是政治的安排。或許因為他是進士，有機會離開臺灣到各地去歷練，甚至進京當官，透過這種和全國各地人才交流的經驗，他對於用出身地域來肯定或否定人這點，也就可能特別感冒。

你是什麼地方的人，和你是否是個人才（能力），是否是個好人（品德），是沒有關係的；因此若是從出身地域就否定或肯定某人，那就是以「不相關的條件」排除了他人參與社會活動的權利，這就是現代定義的「歧視」。在鄭用錫的眼中，臺灣械鬥雖然有經濟上的背景，但也的確存在歧視的問題。在西元一八五〇年代的亞洲就能擁有這種想法，實屬不易。

同心圓倫理學

另一個值得注意的是鄭用錫的解決方案。頂下郊拼為「同室操戈」，是一府之內不同縣出身者的內戰。若「家人」之間都無法相親，那就更難以推廣到語言不同、信仰不同、經濟活動衝突的其他群體。

不過。如果心中抱持歷來仇殺的積怨，也只採用最簡單的報復手法來解決，那一路冤冤相報下去，問題只會惡化而無法了結。因此鄭用錫跳出「報復正義」，轉由道德動機來著手，主張先由親族與鄰里開始拉近距離，有意識地傳播仁愛的思想，來抵消報復的直覺衝動。

要講道理，就只能從士人，也就是讀書人身上做起，因為這些人受到中國傳統儒家文化的強烈影響，知道書上有寫這些道理。他認為讀書人的父兄若能依此理出面教訓記仇的晚輩與無知者，再一路擴張至所有陌生人，那麼就能在臺灣創造一個人人皆仁人的新樂土啦！

這方法論的基礎應是來自於儒家從「誠意正心修身齊家治國平天下」一路開展的套路，但這一套在實務上到底有沒有用呢？很多人因為幼時教育之故，常直覺得討厭儒家，而儒家也有一些方法論是怪怪的或爛爛的，甚至根本就是錯的，但在當時臺灣的人文環境之中，除了儒家思想，似乎也沒更可靠或更普及的意識形態基礎。

當代道德哲學對於培養道德能力並沒有一套穩定可靠的必勝方法，目前學界仍偏向由每個社群自行研發出一套最適合自身文化脈絡的道德理論。十九世紀中的臺灣知識分子若是以儒家為主，那走這個傳統套路就沒什麼不對，因為你也沒其他選項。當時的確有少量的西方傳教士，但我想當時的社會氛圍更無法接受這種外來文化；而佛道等傳統宗教，在當時的中國本土也都發展得不太順，更別說是以民間信仰為主的十九世紀臺灣，又能有多少大師來推動祥和社會。

如果只有儒家可以選，那就好好用。若細看鄭用錫的建議，也並非正統的內聖外王或是宋明理學，而是回到最基本的家庭結構，要讀書人先別當亂源。當時械鬥的背景推力除了經濟衝突，還可能包括了知識分子的煽動，那要求知識分子先管好自己，就有其必要性。而且當時能讀書的多半是有錢人，有錢人通常是村庄的領袖，只要這些領袖不帶頭做亂，的確可以降低械鬥風險，或是避免個人衝突擦槍走火變成社群對抗。

但「親其親」還是很難解決「親疏之別」的問題。即便經濟衝突可以透過協商與共享來解決，但語言和宗教信仰的矛盾很難透過推理跨越，只能透過交流經驗。就械鬥的形式與過程來看，發生衝突的社群可能住得非常接近，但還是無法融合，顯然他們平常是沒什麼人際互動的，缺乏共同生活經驗，所以要砍人時才有辦法立刻出手。

在今日的臺灣，語言或宗教信仰的差異仍然是社會或政治衝突的起爆劑或催化劑。我們不只沒辦法「親其疏」，就算是要「親其親」，也因為多元文化與世代差異而有越來越多的障礙；同住一個家也不見得常溝通，更別談是共處於一個社區、一個鄰里、一個鄉鎮市，甚至是一個縣市的人們。我們之所還會有鄉里認同，往往是和其他地區的人「戰起來」的時候，像是戰南北、戰口音、戰美食。我們是因衝突而團結，也因衝突而分裂。

再回來看鄭用錫的解決方案。若把儒家主張放到當代倫理學的標準中，也不是全無可取之處。在春秋戰國之際的原始儒家頗為看重經驗性，他們認為人的道德判斷來自於生物本能與生活經驗交流而成的綜合判斷，若加上前人智慧的累積成就，就能解決生活中大多數的道德兩難。

而原始儒家認為當時社會的道德問題，主要是對前人的智慧只剩下形式的理解（對禮法只剩形式堅持），缺乏內在道德動能（仁）的支持；不過若能重視這種內在動能，還是有機會透過個人的道德努力，而重建或推展出生活中能依賴的道德原則。這或許就是鄭用錫方法論的唯一出路。

樂土臺灣？

當然，正如前面所述，〈勸和論〉並沒有產生明顯的具體作用，只能算是知識分子對時代的嘆息。那對於族群衝突，還有什麼出路？過去和現在的解決方案會是一樣的嗎？

在十八到十九世紀的臺灣，清帝國的禮法形式仍存在，讀書人也都知道相關法律與道德規約，但政府相當弱勢，整個社會是由宗族體系在主導。當宗族領袖認為暴力殺戮是正道，就可能讓社會走向全面衝突的形式。這種衝突開始時可能是基於拓殖利益，但互殺一段時間之後，就轉變成為世仇關係，即便已沒有具體利益，還是會持續敵對下去。

政治上的解決方案，可能是要由第三方當公道伯來介入締約，又或是官方體系以公權力來維持社會秩序。原則上臺灣械鬥問題的解決比較偏向後者，是經過清帝國與日本帝國武力平叛與推展意識形態教育後慢慢平息。

這種解決方案在當代社會已缺乏道德正當性，我們面對族群衝突所採用的解決方案，主要還是催化雙方的溝通與互動，讓對立者能透過溝通或共同生活的經驗過程瞭解他人的價值主張，雙方或各方才有機會透過同理心來拉近彼此的距離。公道伯退位了，大有為或具壓制力的政府也退位，人們心中的矛盾就由開放社會的溝通互動機制來解決。

最後我要再次談談頂下郊拼事件。頂下郊拼之所以能引起震撼，除了相關者都出身泉州府之外，頂郊（現龍山寺）與下郊（現老松國小），還有無辜被捲入的清水巖祖師廟（屬於安溪人），在地理位置上真的非常接近，可說是在同個捷運站的範圍。

在戰鬥的過程中，頂郊人為了繞過現今廣州街上的沼澤，選擇先攻北方的清水巖祖師廟，再取道清水巖祖師廟往南轉攻下郊。但你打開地圖一看，甚至實地走走，就會發現從龍山寺走到清水巖祖師廟，正常也就十分鐘，再走到現桂林路、廣州街之間的下郊舊址，也頂多是十分鐘。這麼近的地方，也在打戰術、殺得你死我活，拆城、砸廟、燒房子，這要怎麼談安居樂業呢？所以鄭用錫主張親近身邊的人，用同心圓方式向外擴張，一起建構「樂土臺灣」，或許也沒那麼粗淺可笑了。

我建議你可以找個假日，搭捷運去龍山寺站，先從龍山寺走到清水巖祖師廟，然後沿著昆明路走回廣州街，最後順著剝皮寮的小路散步回龍山寺。全程慢慢走，頂多一小時，但這就是一百多年前內戰者曾走過的血路。現在大家去迪化街求姻緣的那個霞海城隍廟，也正是因為這場戰爭毀去舊址，而搬去現址的。

看到這，是否有一切都連起來的感覺？或許這就是選錄此文者想要的感覺。你就走一趟，想想那些臺灣人為何相殺，而我們又為何相殺。

延伸方向：體會現實與直覺的差異

不用搭飛機就能看到的歷史場景，當然就請你移步去參觀比較一下。如果你能去國文課本曾經提過的每個景點都參觀比較一下，那鐵定是能對這些古文更為有感。

有些視角是真到現場才能體會，像是「白日依山盡，黃河入海流」，小屁孩都會背，但你知道歷史真實的「鸛雀樓」（不是老共現在為了觀光新蓋的）是看不到「白日依山盡」

和「黃河入海流」的嗎？若到現場才發現這件事，你可能會驚覺這首詩另有深厚的寓意。看了〈勸和論〉而跑去參訪頂下郊拼地點的人，應該也都會驚訝於這歷史地點這麼接近；一杯珍奶都還沒吸完，你就把戰爭路線都走完了。

住這麼近的人，為什麼會成為死敵呢？但你知道敘利亞內戰中交火的族群，也常就是住這麼「近」，也都這麼「小」嗎？當你從很遠的地方看新聞的時候，會產生很多錯判，而當你從很遠的地方看古文時，也會有些跳脫現實的推想。請體會一下現實與直覺的差異，想想這差異是怎麼來的，又該怎麼消去。

虛假的黃金時代：〈鹿港乘桴記〉

原文：樓閣萬家，街衢對峙，有亭翼然。亙二、三里，直如弦，平如砥，暑行不汗身，雨行不濡履。一水通津，出海之涘，估帆葉葉，潮汐下上，去來如龍，貨舶相望，而店前可以驅車，店後可以繫榜者，昔之鹿港也。人煙猶是，而蕭條矣，邑里猶是，而泬寥矣。海天蒼蒼、海水茫茫，去之五里，涸為鹽場，萬瓦如甃，長隄如隍，無懋遷，無利涉，望之黯然可傷者，今之鹿港也。

神展開譯文：以前的鹿港有萬戶居民，街道對稱發達，屋簷向外開展如鳥翼，有頂蓋的街道長兩三里，路像弓弦那樣直，如磨刀石那樣平，夏日不會滿身大汗，下雨也不會弄溼鞋子。有條河道通往港口，碼頭滿是片片船帆，潮汐起落時水勢如龍，兩旁都是貨船；在商行門前可以行車，後頭可以停泊小船，這是昔日的鹿港景象。而現在雖然人煙如舊，但市況蕭條許多，房屋街巷仍在，卻空曠不少。海天依舊蒼茫，離港五里處已乾涸為鹽田，萬家屋瓦與長堤就像是高壁城牆，已經沒有什麼商業活動，讓人黯然神傷，這就是今天的鹿港啊。

原文：昔之盛，固余所不見；而其未至於斯之衰也，尚為余少時所目睹。蓋鹿港扼南北之中，其海口去閩南之泉州，僅隔一海峽而遙。閩南、浙、粵之貨，每由鹿港運輸而入；而臺北、臺南所需之貨，恆由鹿港輸出。乃至臺灣土產之輸於閩、粵者，亦靡不以鹿港為中樞。蓋藏既富，絃誦興焉；故黌序之士相望於道，而春秋試之貢於京師，注名仕籍者，歲有其人，非猶夫以學校聚奴隸者也。而是時鹿港通海之水已淺可涉矣，海艟之來，止泊於沖西內津；之所謂「鹿港飛帆」者，已不概見矣。綑載之往來，皆以竹筏運赴大艑矣。然是時之竹筏，猶千百數也；衣食於其中者，尚數百家也。迄於今版圖既易，海關之吏猛於虎豹，華貨之不來者有之矣。洎乎火車之路全通，外貨之來由南北而入，不復由鹿港而出矣；重以關稅之苛、關吏之酷，牟販之夫多至破家，而閩貨之不能由南北來者，亦復不敢由鹿港來也。

神展開譯文：鹿港過去的繁榮，是我來不及躬逢其盛的，但我年少時所看到的狀況，還沒有現在那麼慘。鹿港位在臺灣的中部，出海到閩南的泉州只隔一個海峽，因此閩南、浙江、廣東的貨物，多由鹿港運入本島，而臺北、臺南需要的貨物，則再由鹿港轉出。臺灣土產要賣到福建和廣東，也多以鹿港為轉運中樞。因為經濟發達，文教大興，滿街都是讀書人，前往京師趕考並金榜題名者，每年都不乏其人，不像現在日本學校只是聚集了一堆聽話的奴才。我年少時，鹿港通海的水道已經淺到可以步行通過，因此海船只能停泊在內津這個港口；所謂「鹿港飛帆」的景象已經看不到了，貨物都是以竹筏轉運到大船。不過當時的竹筏仍有千百艘，靠這行吃飯的也有數百戶人家。但換了統治者之後，海關官員兇猛如虎豹，已經一段時間沒看到來自中國的貨物了。縱貫線鐵路全通之後，進口貨物從南北港口輸入，也不再由鹿港轉口，加上關稅很高，海關官員嚴酷，原來的商行多半破產，如果福建的貨物無法從南北港口輸入的話，當然也不敢從鹿港進口了。

原文：鹽田之築，肇自近年。日本官吏，固云欲以阜鹿民也；而其究竟，則實民間之輸巨貲以供官府之收厚利而已。且因是而阻水不行，山潦之來，鹿港人家半入洪浸；屋廬之日就頹毀，人民之日即離散，有由然矣。

神展開譯文：鹽田的興築也是近年開始的。日本官員打算用之以發展鹿港經濟，但其實只是由民間投入大量資金，讓官府收取厚利而已。而且因為鹽田阻斷水路，之後每逢山區降下大雨，鹿港就有過半人家會淹水，房舍毀壞，居民也因之離散。

原文：余往年攜友乘桴游於海濱，是時新鹽田未興築，舊鹽田猶未竣工；余亦無心至於隄下，臨海徘徊，海水浮天如笠，一白萬里如銀，滉漾碧綠如琉璃。夕陽欲下，月鉤初上；水鳥不飛，篙工撐棹。向新溝迤邐而行，則密邇鹿港之舊津，向時估帆所，時已淤為沙灘，為居民鋤作菜圃矣。沿新溝而南至於大橋頭，則已挈鹿港之首尾而全觀之矣。望街尾一隅而至安平鎮，則割臺後之飛甍鱗次數百家燬於丙申兵火者，今猶瓦礫成邱，荒涼慘目也。猶幸市況凋零，為當道所不齒；不至於市區改正，破裂闤闠，驅逐人家以為通衢也。然而再經數年，則不可知之矣。滄桑時之可怖心，類如此也。游興已終，舍桴而步，遠近燈火明滅；屈指盛時所號萬家邑者，今裁三千家而已：可勝慨哉！

神展開譯文：我往年和朋友搭小船在鹿港海濱遊玩，當時還沒新鹽田，舊鹽田也仍未完工，無意中到了堤防下，就在海邊來回遊賞；波浪興起時有如斗笠，反光時如白銀，蕩漾時如綠琉璃。在夕陽將盡，新月初現時，水鳥已不飛，只有船工搖槳前行。我們緩慢向新溝移動，經過鹿港的舊港，昔日停船處已淤積為沙灘，成了居民的菜園。沿著新溝往南到大橋頭，可以看到鹿港全景。從街尾到安平鎮之間，是割讓臺灣後因戰火而毀壞的數百民家，至今仍是瓦礫成堆，荒涼而慘不忍睹。但不幸中的大幸，是因為市區發展凋零，日本人並不重視鹿港，未列入市區改正的都市計劃之中，沒因此拆房來開闢新路。可是再過一段時間是否會有變化，就不知道了。見到時空變化而有的擔憂，大概就是如此吧！因為沒了遊興，就下船步行，看到燈火漸明，想起極盛時號稱萬戶，現在只剩三千人家，只能感慨了。

觀看錯誤與失敗

我認為洪繻的〈鹿港乘桴記〉不算是篇好文章，這篇「現代古文」（民國初年的日治臺灣）是否該放在國文的必選十五篇古文中，應有討論空間。不過雖然有缺點，這文章仍算「值得一讀」，因為它的「不好」，可以幫助我們變得更好；但要將其化為前進的養分，可沒那麼容易。

收錄這篇古文的主要理由似乎是歷史斷代與地理空間的考量，不過這篇文章的品質相對於其他各朝代的選文，從文字運用、推理邏輯，到價值立場，都有一段不小的落差。文學技法的問題就交給專業的國文教師來判斷，我要談的是該文的推論過程與價值立場。

在現代教育中，我們總是教導學生先觀察現象，進行合於邏輯的推理，並且產出結論與價值主張；但實際上不管有沒有受過教育，人們常是先有價值判斷，然後用一切的可觀察事實來支持這個判斷。〈鹿港乘桴記〉就是如此，而洪繻的失敗，或許可以用來提醒高中生們，不要變成那種老是認為過去好棒棒的大人。

三種觀察

我認為讀者應以三種層次來觀察〈鹿港乘桴記〉。第一層是弄懂作者文章的直述意義。第二層是站在批判的立場，試著指出這篇文章有哪些問題。第三層則是想想我們是否能跳出他的困境。以下我就依這三層次來「玩弄」這篇讓現代臺灣人覺得陌生且難以消化的臺灣古文。

〈鹿港乘桴記〉的作者洪繻出生在西元一八六六年的鹿港。他是個秀才，但在臺灣割讓日本之前都沒考上舉人，日本時代之後他仍堅持留辮，被官府強制剪辮後，還是披髮度日，算是「愛清派」、「清粉」的代表人物。雖然現代人很難理解，不過洪繻對清朝看來是絕對的肯定，而對日本是全面的否定。

〈鹿港乘桴記〉就是這種價值觀的具體展現。第一段是談鹿港的今昔市況對比（清朝與日本前期），洪繻認為過往的鹿港非常繁榮，而日本統治之後沒貨也沒人，就別說是發大財。第二段是分析經濟衰退的原因，他認為過往鹿港有地利，但現在被日本海關和鐵路運輸打敗，又有鹽田吸盡資金，並造成水患。第三段才是題名的搭船遊記，鹿港的海天景緻依舊，但人文蕭條，所以還是要罵日本人兩句。

本文雖然名為遊記，實質上就是篇反日的論說作品，不過其邏輯有點混亂，引證又不夠有力。看到最後，唯一能確定的就是作者很討厭日本人，或許又更接近抒情文（抒發自己很討厭日本人的心情）。

有反日意識形態並非不可，這也曾是種政治正確；那些認為選錄此文是基於臺獨考量的大中國主義者，可能根本沒看過原文就在亂講，也是蠢到有剩。但在黨國反日史觀的時代，這文章也沒列入課文，大概也是因為其文字運用未達官方認可的水準（洪繻後人在二二八雖然出事，但也曾主掌國語日報和出任立委）；而本文現在突然列入，甚至可說是取代連橫的〈臺灣通史序〉，大概是真的就是基於斷代的考量（清末日治要選一篇），意識形態要素相對低了許多。

錯把結果當原因

接著要來談本文的主要問題。多數的批評者會把焦點放在洪繻用詞比較生冷，文句又不太對仗，論點跳來跳去，讀起來不太爽快。但這是屬於文學批評類，就交給學界先進們來發揮。

我認為此文在推論面上的問題大到讓人不得不正視。因為洪繻的推論非常跳躍，有點邏輯常識的人（受過現代國民教育的人都有基本邏輯推導能力）在讀〈鹿港乘桴記〉時應該都會覺得少了某些東西，或看不懂作者想表達什麼。那到底是少了那些東西？這就要再將原文脈絡梳理一次。

在原文第一段中，洪繻提到清朝時期的鹿港的貨品物流量很大，水路也暢通，甚至可以划小船到屋後，門前有行車大路，並有充沛資金可以在街道興建頂蓋之類的公共建設。而日本統治時期商業蕭條，只剩鹽田。這經濟落差相當明顯，因此讀者自然會追問：「為什麼會如此？」那洪繻就需要回答兩個問題：「清朝時期的鹿港為何繁榮？」與「日本時期的鹿港為何衰敗？」

在第二段中，洪繻就分別對這兩個問題提供了一些個人看法。關於清朝鹿港為何繁榮，他的說法是「鹿港和泉州只隔一個海峽，浙閩粵三省的物資會先運到鹿港，再由鹿港水運到全臺。全臺貨物也集中在此，再賣到中國去。」如果要用現代用語來描述，鹿港就是個轉運樞鈕，有規模優勢，所以船運與貿易商都集中在此，當然市況與建設會相對繁盛。

不過，這段的描述有點邏輯問題。轉運樞鈕是「結果」，不是「原因」；勉強算是「原因」的部分，是「鹿港和泉州只隔一個海峽」，但臺灣西岸哪個地方和中國不是只隔一個海峽？

正確的說法，應該是「鹿港和泉州最為接近」，因而受到泉州的繁榮所帶動；而且鹿港也剛好處在臺灣南北的中點，在臺灣全島發展重心北移的過程中相對有利，於船舶動力主要是風力或人力的年代，這地理位置上的優勢非常重要。洪繻可能缺乏實際貿易或航行的歷練，也就把結果當成原因，難以看出背後真正的動力。

都是日本人的錯？

那鹿港為何衰敗呢？洪繻也提到鹿港在清代就已經衰退了，像是河道淤積，必須改用竹筏運輸。但是他還是堅持主要問題是日本海關嚴苛兇猛，來自中國的貨物消失，加上鐵路競爭（鐵路也是日本人的建設），以及興建鹽田耗盡資金，並造成水災。

我相信對大多數讀者來說，這段描述所引發的「違和感」會更強烈。如果他出生之後和出生之前已經有落差，那這段向下走勢的成因當然該好好探究；但他不但沒探討，還給了個「沒關係」的結論。他認為就算因河道淤積而改用竹筏接駁，至少也養活了數百戶人家，重點是日本時代的「完全斷貨」，而這斷貨是海關和鐵路造成的。

這論述有幾個推論問題。首先，為什麼海關很兇，貨就會斷呢？日本禁止中國貨輸入嗎？看來也不是如此，應該是海關要求上稅，使得中國貨（因為日本統治之後變外國進口了）失去競爭力，如果鹿港商人想用走私方法進口，當然海關會很兇又很嚴了。

再來是他清描淡寫的鐵路，應該是更主要的競爭威脅。他才提到清朝時期，鹿港是水運轉運站，但風力或人力船舶的運輸效率很低，和火車當然沒得比。一旦火車加入競爭，鹿港水運中轉的優勢就會消失。

淤積後的成本提升問題也是他沒意識到的部分。原本海船能抵達非常接近鹿港市街的地方，這樣從貨棧轉運的成本較低，後來要用吃水淺的竹筏，以數百人來轉運，這雖然養活了一個產業，但也是一筆經營成本。

還有，他認為日本人把民間資金騙去蓋鹽田，利潤又全被日本人抽光了，鹽田阻擋水流還造成水患，造成更大的經濟損失與人口流失。這說法乍看沒什麼太大問題，不過如果接續前面的脈絡，這個鹽田的故事或許就沒表面那麼簡單。

只要查閱一些最基礎的史地文獻，都會告訴你鹿港的衰退和港口淤積及鐵路競爭有關，日本人也不是負面要素，甚至他們還試圖拯救鹿港。如果搭配洪繻所看到的狀況，鹿港走下波的整個故事，會是如下：

首先，因為十九世紀中期，對外水道和港口不斷淤積，運能下降，大船無法停靠鹿港商行附近的碼頭，只能停在更西邊的港口，這就要靠低效能小竹筏轉運，成本上升。而因鹿港缺乏深水港口，現代船舶往臺灣南北的新式港口集中；加上鐵路走山線，遠離鹿港，而南北的新港口又有鐵路連接，自然使前者失去競爭優勢。

其次，鹽田的拓增，應該是日本人察覺鹿港的商貿條件已經沒救，因此改以鹽業為產業轉型的主要選項，並在其民間尚有資金的時候推動興築；但沒有經濟概念的洪繻卻視之為吸金騙錢，讓鹿港失去活力。淹水問題也應該不是鹽田造成的，而是河道淤積，這個問題真正解決應該還是透過日治末期員林大排鹿港段的完成。

再者，他很討厭的日本海關，也沒道理特別針對鹿港商人；海關應該在全臺都抓得一樣緊，這對於港際競爭來講，就不會是什麼負面的因素。洪繻是倒果為因，或是因果錯置，把官商之間的不快，當成是經濟變化的主要動力。

近代歷史的推進動力，主要還是科技的發展。隨著運輸形態的轉變，傳統港口的消亡實在很難避免。一府二鹿三艋舺，差不多都是因為類似的理由而走向衰退，但「府」和「艋舺」還有鐵路，鹿港就真的只能下臺一鞠躬了。

意識形態的框限

洪繻的判斷有問題，而這問題很可能是出自於他對日本的人痛恨，這種意識形態框架限制了他的眼界與腦力。那我們呢？我們要如何避免被自身意識形態的框架所局限？

這是頗困難的哲學議題，我不認為當代學者已找到可靠的解決方案。最常見的建議是跨出同溫層與多元價值觀進行意見交流，但這種交流是否有可靠的「平臺」則又是另一個新的困境。

我們或許可以縮小防守範圍，重新整理一下洪繻和現代人的價值落差。洪繻就是覺得大清帝國好棒棒，日本人壞壞又爛爛，這種價值判準讓他眼中的自然與人文現象都多了一層奇妙的色彩。大清帝國是黃金斑斕的，日本時代是一片灰暗，失去人性，沒有夢想的。

那現代人呢？有趣的是，許多現代的臺灣人認為日本時代是黃金斑斕的，充滿了文人雅士（可以注意原文中洪繻認為清代鹿港充滿文人雅士，日本時代只有一堆奴才），而中華民國時代則是一片灰暗，失去人性，沒有夢想的。

洪繻和現代人雖然有各自的意識形態，這種矛盾看來也不易化解，但兩者也有共通的情懷。在文化研究中有個叫「黃金時代」的虛假想像，是指許多人（甚至是所有人）會認為過往的某個時期是最美好的「黃金時代」，是不可量化價值的高峰，而今日雖然科技進步，但在價值面上是持續的衰敗。

這種對於「黃金時代」的崇拜，說穿了就是種宗教信仰，對於找出真正有效的問題解決方案通常沒什麼幫助。頂多就是讓自己的抱怨聽起來比較冠冕堂皇。

在洪繻所處的時代，依他所受的教育與資訊環境，當然很難跳出這種思維，但處於現代的我們，如果還沉溺在這種信仰之中，那就有點可惜了。因此，我認為〈鹿港乘桴記〉可以做為一種警示，讓高中生瞭解這種信仰是如何扭曲我們的觀點，讓他們知道人可能會過度美化回憶，甚至是創造回憶。

他們一時之間或許還不會懂，但他們也都可能在人生的某個階段，突然覺得國高中這段時間是他人生中的「黃金時代」。如果他們也能同時想起這篇文章，以及這篇文章的警示意義，那或許這篇選文就有了正面意義。

延伸方向：是否只看到想看的那一面？

除了像前一章所說的去鹿港走走，幫助當地人發大財之外，我認為「黃金時代」這個概念或許對大家來說是更有價值的反省起點。依照人類文明發展的線性，理論上我們所處的這個時代是人類真正的「黃金時代」，不論是物質或精神的資產都最多元、豐盛，但在大多數當代人的心中，「現在」通常是最爛的時代，我們往往會懷念起某段過去，甚至只是片刻，認為那遠遠超越「現在」。

就價值論的角度來說，這種「回憶中的黃金時代」也不能說是有錯，因為當事人可能真的是在那個時間點創造出最大的價值，之後就是個廢人，或是搞不清楚自己到底創造了什麼價值。有些人很懷念童年，因為當時的快樂是真實掌握在手中的，但長大之後花了一堆錢卻還是買不到快樂，或是搞不清楚那到底是不是快樂。

不過某些「回憶中的黃金時代」是基於無知或事不關己。像是現在多數臺灣人懷念日本時代，就偏向這樣的狀況，這些人都沒活過日本時代，怎知道好或不好呢？是接受各種資訊之後的感想吧？那我們就可能只看到自己想看的那一面。因此在表達對於過往的情懷時，或是看見這類文本時，不妨想想這是否少了什麼東西，或是多了什麼東西，你也許就有機會打開最具價值的時空之門。

被期許的女人：

〈畫菊自序〉

原文：人為萬物之靈，志有萬端之異。學琴學詩均從所好，工書工畫各有專長，是故咳唾珠玉，謫仙闢詩學之源；節奏鏗鏘，蔡女撰胡笳之拍，此皆不墮聰明，而有志竟成者也。

神展開譯文：人是萬物裡頭最有靈性智慧的，而人的志向也有萬種差異。要學琴或學詩，都是看他個人的喜好，擅長書法或繪畫，也是各有自己的專長，因此詩仙李白出口即是美如珠玉的文詞，更成為詩學的源頭，而蔡文姬也寫下節奏分明的《胡茄十八拍》，這些都是沒有浪費自己的才能，有志向於此，而終能有所成就。

原文：若夫銀　鐵畫，固屬難窺；儷白妃青，亦非易事。余因停機教子之餘，調藥助夫之暇，竊慕管夫人之墨竹，紙上生風；敢藉陶彭澤之黃花，圖中寫影。庶幾秋姿不老，四座流芬，得比勁節長垂，千人共仰，竟率意而鴉塗，莫自知其鳩拙云爾。

神展開譯文：書法的柔美或剛健是無法輕易掌握的，而詩詞的對仗也不是簡單的工夫。我在家務與帶小孩的空閒，還有協助丈夫事業的空檔，因為私下羨慕管道昇的繪畫技術能讓紙上花木栩栩如生，因此試著就陶淵明的菊花這主題，來創作一些圖畫。想追求菊花不易凋萎且能散播芬芳的特質，又愛其柔中帶剛，眾人仰慕的氣節，居然就這樣任意塗鴉作畫，真是搞不清楚自己有多笨拙啊！

保障名額？

這是本系列的最後一篇，我們要來看到高中古文選文中唯一的女作者，也是臺灣人的張李德和。之前選文中是有「寫女人」的，卻沒有「女人寫」的，因此考量性別平衡而選錄女性作品，也是有其道理。

學界在討論性別歧視的解決方案（通常稱為「肯定行動」）時，常會提到在教育場合展示性別平衡的重要性。如果老師都是男的，可能讓學生誤認為只有男人可以當老師；同理，若課本收錄的古文名家都是男的，也可能讓學生誤認為只有男人可以寫出好的古文。所以（至少）收錄一篇女創作者的古文，至少可以提示學生們女性仍可有卓越的寫作表現。

就選文當時的會議資訊，張李德和的〈畫菊自序〉似乎就是基於這種考量而入選的。不過，如果在古文部分只有一個女性名額，那張李德和是最佳的選擇嗎？專業的文學研究者可能提出一些能與〈畫菊自序〉一較高下的女性古文作品，說不定張李德和的其他作品也能一拚，但純就十五篇高中必選的古文來說，我認為〈畫菊自序〉並未特別亮眼，甚至是略嫌黯淡。這是否會在性別平權上造成反效果？因為並不出色，又是基於「婦女保障名額」上榜，反而讓人更加懷疑女性的創作能力？

雖然你可能會有這樣的解讀，但我認為事情沒那麼簡單。〈畫菊自序〉或許不夠「強大」，但也因為其之輕薄短小，反而展示了女人在傳統意識形態下的生存處境。這篇「最後的古文」，或許能告訴我們一個關於「被期許的女人」的故事。

才女的道德正當性

張李德和生於西元一八九三年，是臺灣清領時期的最末，兩歲以後就是日本時代了，所以她人生精華時段就是當個日本人，五十幾歲以後才是中華民國時期。當時的女性若有機會接受教育，也是日式的現代教育，而張李德和在現代教育的基礎下，更同時擁有「國學」的基本能力（應該是幼年所受的私塾教育），除了華人傳統的詩詞琴棋書畫，她也會刺繡。這代表她不論夫家或娘家都相對富裕，有充分資源支撐這樣的藝文環境。而要掌握〈畫菊自序〉，也就必須考量這樣的人生背景。

〈畫菊自序〉是針對菊花畫作的題詞，主論作者自己喜歡畫畫，因此依某些理念創作了這樣的作品。本文詞句有點駢文的味道，也有學者也認為張李德和為了追求對仗，反而產生一些錯誤，例如李白當然不是「詩學之源」。

但我想這種出典或用詞的「錯誤」並不是什麼太大的問題，甚至可能是某些「線索」。為了確保不會疑漏各種訊息，我還找了張李德和的菊花畫作來看。我認為她雖然得過繪畫類獎項，不過留傳下來的作品也都不是本身即能說出一套故事的類型，因此焦點還是得回到〈畫菊自序〉的文字內容之上。

不如就從對仗的典故考量談起。她在引述古人事蹟時，用李白（男）對蔡文姬（女），用管道昇（女）對陶淵明（男），這是刻意營造出來的男女平衡。因為如果是男人畫了一幅畫，然後要找古人來為作畫的道德正當性擔保，理論上是不會提到女性創作者，因為男人眼中通常沒有女創作者，除非是重要到無法不看見。因此張李德和正是要透過這種男女對舉的平衡，來證成自己從事創作的道德正當性。

這種道德正當性的考量並不只有一處。第一段從「人為萬物之靈」開始，她就論證個人發展多元興趣實屬自然，甚至是種道德義務（「不墮聰明」、「有志竟成」）。因此她不只是要說服那些反對女人從事琴棋書畫活動的保守派，她更打算運用這些保守派的價值資產，反過來逼他們接受女人畫畫不只是可被接受的（道德中性），甚至是種道德上的應然（道德正確）。

但她似乎認為這樣的正當性仍不足，她在第二段針對可能的質疑，提出一些防禦性的論述。她主動提及繪畫和詩詞需要高度技巧，因此外界會懷疑她怎麼會有時間學習、練習和創作，是以她也特別言明，這些學習、練習和創作是在操持家務、照顧小孩、協助丈夫醫藥事業之餘，才硬擠時間出來從事的休閒活動。而真正與創作理念有關的描述，只有最後的幾句。

這裡存在一個明確的價值階層。第一層，也是最根本、一般婦女的道德責任，就是操持家務和照顧小孩。第二層責任，是協助丈夫的事業。第三層，才是從事休閒活動。她言明自身已滿足了前兩階段的責任，才會進行第三層的活動。所以要從「婦道」的角度來質疑她，也就更無法成立了。

雖然只是一幅畫的說明，卻大都是談自己創作活動的道德正當性，顯然當時「倫理學」的壓力遠大於「美學」。對現在的高中生來說，或許會覺得不過就是畫張畫而已，為什麼還要準備一堆「備審資料」？但人家就是準備得好好的，也讓她平平安安過一生。

跳出文字上的辯詞，就其他文獻資料來看，張李德和在「可量化價值」部分的表現，我想就算是依保守派的標準也是沒啥好批評的。她生了二男七女，家裡醫院的經營狀況也穩定，更成立了許多藝文結社，日本政府與中華民國政府對她也是頗為器重。

可惜我看不出她是「因為態度正確，預防針也打得好，所以過得順順利利」，又或是

「因為各種傳統社會與男人的要求都有做到，所以吟詩作畫都沒關係」。但總而言之，她本人就是安然過關了。

多元文化可能的壓力

當時臺灣至少有兩種主流的價值觀。一個是清帝國時代遺留，由世家大族所保存的華人傳統價值觀；另一者就是日本人帶來的西式啟蒙運動精神與日式文化。張李德和生長在世家大族，也受過日式現代教育，當然也就成了價值上的「多元文化人」，雖然感覺好像是有多面向的發展機會，但在這背景條件下，個人通常不見得能有多元的發展性，反而容易受到各種價值觀的壓制，甚至是壓迫。

因為這些文化或價值觀都相對強勢，行為者並不見得會採取各種價值標準中「對自己最有利」的部分來行事，而是受到各價值觀中最保守的部分所壓制，因此會比處於單一文化中更痛苦。

像今日的臺灣，價值夠多元了吧？行為選擇性也很多吧？但大多數年輕人還是同時受到傳統價值觀（孝親費、買房）與新價值觀（網路時代24小時工作的標準）所壓制，更喘不過氣。若只選擇一種價值觀來服從，說不定還沒那麼累。

因此張李德和到底是如何「生存」下來，又活得如此精采呢？單純就是因為有錢嗎？那為什麼其他有錢人家的女人，就沒這麼順利呢？這可能需要歷史學者進行更進一步的研究了。就價值論的角度來看，我認為張李德和至少在三個課題上，值得大家深入思考。

滿足保守要求

張李德和是否真搞定家務之後才跑出來畫畫，我手邊找不到更進一步的資訊，不過以她二子七女的家庭規模來說，顯然一個人是不可能搞定的。依其家境，應有聘請幾位家務幫傭來協助照顧，她可能只處理幫傭所無法擔負的教育部分。這點她自己也有提到（「停機教子」）。

她投入更多心力的可能是先生的醫院業務（「調藥助夫」），這種生意往來機會也讓她有理由接觸外人，並擴大公共參與；因為做生意，除了金錢往來之外，平常的人際互動也頗重要，而當時的公關場合就包括吟詩作畫的交流會。她也許就是運用這類機會讓自己能走出家庭，也讓自己的藝文技能透過交流而進一步成長。

張李德和的家庭經濟條件當然是她往外發展興趣的重要推力，但許多人就是停在這樣的基礎之上，只滿足了傳統標準，或是困在傳統標準中無法跳脫。當然，有更多的人是以「傳統壓力太大」為由，來說明自己在行動上的失敗，又或認定一定要對抗或逃避傳統，才能有出路。但張李德和的存在與長期的成功，證明在滿足保守標準之餘，還是有可能追求自己的理想。

態勢低調

受過啟蒙教育的人，經常認定理性推論具有強大的壓制力，足以破除一切傳統「迷信」，其中也包括了不夠理性的保守價值觀。因此這些人在聲明主張時，會採取說理的態度，意圖證明自身的主張有健全的推論邏輯。

雖然這些人的說法的確「有道理」，但也沒辦法強迫其他人聽他講道理。這種啟蒙式的說理，常招來保守或迷信者的反彈，並嚴重阻礙當事人的自我實踐之路。雖然受過現代教育，張李德和知道自己溝通的對象是保守派的男性，於是採用示弱的態度，一方面著重表示自己符合傳統價值標準，另一方面在用典或對仗上的錯誤與不工整之處，也可能讓擁有權威的男性不會感受到太強的威脅感，而願意釋出空間，甚至透過接納張李德和的存在來營造自身的進步開明形象。

自我實現

雖然夫家和兒女可能是她當時行走江湖的「名片」，張李德和必須擁有這些身分或實績才能踏出家門，但可量化的兒女和家業都已不是她今日最重要的價值標籤。她是以藝文成就而為我們所知。

價值論者認為，人的價值主要來自三個面向，即所處的社群傳統、個人的生命史，以及所投入的社會合作活動。這三者不見得需要在可量化的部分保持平衡，但你若要獲得對自己獨有意義的內價值，可以從三者中最有機會打出一片天的領域來經營。

對張李德和來說，她在華人文化（社群傳統）、家庭事業（個人生命史）與藝文創作活動（社會合作活動）的投入算是平衡。但真正開花結果，還是在社會合作活動上。她身邊的人或許很看重「子孫滿堂」或「事業有成」，但張李德和就是以詩畫創作為我們所認知，而這是屬於她自我實現的部分。

當然，自我實現並非絕對的最高價值。有些創作者為了追求自我實現，而在無意之中傷害許多旁人（親友），這當然也不是什麼正確的做法。但張李德和至少提醒我們自我實現的重要性，因為一個公認的「好人」，常對社會有太多配合與退讓，而放棄了自我實現這個選項。

奮戰的身影

因此就算〈畫菊自序〉的文字本身沒有什麼特別的價值（我要再次強調，其文學成就還是要參考專業研究者的意見），透過她的論述結構安排，還是可以看到這結構所映照出的時代情境，這或許才是該文真正的價值所在。

張李德和的生存策略，即「滿足保守價值標準，透過對男人示弱來追求自我實現的空間」，依當代性別平權的標準是無法及格的，有些人可能會因此認為她並不是個好榜樣。我認為她不算是聖人，甚至能不能算是個「好人」，也還需要更多資訊證明，但至少可以確定她是個「非常厲害的女人」。要同時搞定這麼多事，真的不容易。

今日的高中生都小她一百歲以上，或許很難體會她在時局交錯之下的處境，但這些年輕讀者如果能從文字中看見她努力奮戰的身影，即便只是一閃而過的片段，那也就夠了。

延伸方向：往外延伸既重要又有趣

學院訓練出來的人，常把「參考資料」想得太過狹礙。其實不是只有文字或圖像能做為輔助資訊，主觀經驗也可以刺激我們對客觀內容有多面向的反省。像〈畫菊自序〉提到了畫，當然就該盡可能找相關畫作來看，思考自己對這畫作有何感受，又是否能和〈畫菊自序〉所傳達的資訊產生聯結。同樣的，提到各種人事時地物的作品，也應該盡可能尋找相關的資料來輔助，或許有機會發現一些原文所看不出來的東西。

不論是「今文」或「古文」，讀書最忌諱的，就是「看完，就當看完了」。雖然邏輯上你看完一本書，當然就是看完了一本書，但在道德或審美上，你看完一本書、一篇文章、一幅畫，或任何其他類型的作品，都應該由這東西再往外延伸出去，不應該只停留在作品最後的句點。

像張李德和的人生，最後結束在遙遠的日本青森。為什麼呢？她的故事還有後續嗎？會是「他」的故事，還是「她」的故事呢？

不是讀到最後，一切就結束了。有些麻煩又有趣的部分，或許才正要開始。

緣社會 022

古文神展開

作者：周偉航

封面設計：Benben
封面插畫：葉羽桐
內頁設計：Johnson

總編輯：廖之韻
創意總監：劉定綱

法律顧問：林傳哲律師 / 昱昌律師事務所

出版：奇異果文創事業有限公司
地址：台北市大安區羅斯福路三段 193 號 7 樓
電話：(02) 23684068
傳真：(02)23685303
網址： https://www.facebook.com/kiwifruitstudio
電子信箱：yun2305@ms61.hinet.net

總經銷：紅螞蟻圖書有限公司
地址：台北市內湖區舊宗路二段 121 巷 19 號
電話：（02）27953656
傳真：（02）27954100
網址：http://www.e-redant.com

印刷：永光彩色印刷股份有限公司
地址：新北市中和區建三路 9 號
電話：（02）22237072

初版：2020 年 2 月 8 日
ISBN：978-986-97591-4-4
定價：新台幣 320 元

Printed in Taiwan

國家圖書館出版品預行編目 (CIP) 資料

古文神展開 / 周偉航作 . -- 初版 . -- 臺北市 : 奇異果文創，
2019.12
面；　公分 . -- (緣社會 ; 21)

ISBN 978-986-97591-4-4(平裝)

1. 國文科 2. 古文 3. 中等教育

524.31　　108007090